O despertar da águia

Dados Internacionais de Catalogação na Publicação (CIP)
(Câmara Brasileira do Livro, SP, Brasil)

Boff, Leonardo
   O despertar da águia: o dia-bólico e o sim-bólico na construção da realidade / Leonardo Boff. Edição especial. – Petrópolis, RJ: Vozes, 2017.
   ISBN 978-85-326-5603-2
   1. Antropologia filosófica 2. Civilização – História 3. Cosmologia 4. Realidade I. Título.

97-5503   CDD-111

Índices para catálogo sistemático:
1. Realidade: Filosofia   111

LEONARDO BOFF

O despertar da águia

O dia-bólico e o sim-bólico
na construção da realidade

© by Animus / Anima Produções Ltda.
Caixa Postal 92.144 – Itaipava
25741-970 Petrópolis – RJ
www.leonardoboff.com
Brasil

Direitos de publicação em língua portuguesa:
1998, 2017, Editora Vozes Ltda.
Rua Frei Luís, 100
25689-900 Petrópolis, RJ
www.vozes.com.br
Brasil

Todos os direitos reservados. Nenhuma parte desta obra poderá ser reproduzida ou transmitida por qualquer forma e/ou quaisquer meios (eletrônico ou mecânico, incluindo fotocópia e gravação) ou arquivada em qualquer sistema ou banco de dados sem permissão escrita da editora.

CONSELHO EDITORIAL

Diretor
Gilberto Gonçalves Garcia

Editores
Aline dos Santos Carneiro
Edrian Josué Pasini
Marilac Loraine Oleniki
Welder Lancieri Marchini

Conselheiros
Francisco Morás
Ludovico Garmus
Teobaldo Heidemann
Volney J. Berkenbrock

Secretário executivo
João Batista Kreuch

Diagramação: Sheilandre Desenv. Gráfico
Revisão gráfica: Nilton Braz da Rocha/Nivaldo S. Menezes
Capa: Idée Arte e Comunicação
Ilustração da capa: © Birdimages | iStock

ISBN 978-85-326-5603-2

Editado conforme o novo acordo ortográfico.

Este livro foi composto e impresso pela Editora Vozes Ltda.

Dedicatória

À memória de Frei Ludovico Gomes Mourão de Castro,
frade menor, grande editor e pensador cósmico.
Fez-se sábio ao construir uma síntese viva entre o voo
da águia e as exigências da galinha.
Fez-se mestre ao ensinar-nos quando devíamos ser
águias e quando galinhas.
E animou-nos a buscar, por um caminho singular, a
própria síntese, em todos os tempos e contratempos.

Sumário

Prefácio à 19ª edição, 11

Abertura, 15
A águia e a galinha, o sim-bólico e o diá-bólico: dimensões da mesma realidade, 15
1. Que significa dia-bólico e sim-bólico?, 16
2. A realidade é sim-bólica e dia-bólica, 17
3. O homem *sapiens* e *demens,* 21
4. O jogo do sim-bólico e do dia-bólico no universo, 24
5. As travessias do ser humano rumo à integração, 27
Bibliografia para aprofundamento, 29

1 Rumo à civilização da re-ligação, 33
1. Da insensatez à sabedoria, 34
2. O fim das revoluções do neolítico, 36
3. O Adão dominador e o Prometeu conquistador, 38
4. Que sonhos nos orientam?, 42
5. A civilização da re-ligação, 44
6. A emergência de uma civilização planetária, 48

7. A hora e a vez da águia, 50

Bibliografia para aprofundamento, 54

2 A águia e a galinha, o sim-bólico e o dia-bólico na constituição do universo, 59

1. As várias imagens do universo, 59

2. Como é a cosmologia contemporânea, 62

3. O planeta Terra e a emergência da vida, 67

4. A emergência da vida humana, 75

5. A dança cósmica da águia e da galinha, do sim-bólico e do dia-bólico, 78

6. Se tudo começa, tudo também acaba?, 83

7. Caos e cosmos, *dia-bolos* e *sim-bolos*: o triunfo final da águia, 87

Bibliografia para aprofundamento, 96

3 A águia e a galinha, o dia-bólico e o sim-bólico na construção da história, 101

1. A evolução bio-sócio-cultural dentro da evolução cósmica, 104

2. Qual é o motor secreto da história?, 111

2.1. Movimento *versus* instituição, 112

2.2. Utopia *versus* história, 117

2.3. Classes *versus* povo, 119

2.4. A casa *versus* a rua, 123

2.5. Conservadores *versus* progressistas, 125

2.6. Reforma *versus* revolução/libertação, 126

2.7. Esquerda *versus* direita, 127

2.8. O dionisíaco *versus* o apolíneo, 130

2.9. Yin *versus* yang, 133

3. A águia e a galinha na civilização planetária, 134

4. Um rito de passagem civilizacional, 136

5. O novo patamar da hominização: a noosfera, 141

Bibliografia para aprofundamento, 144

4 A águia e a galinha, o sim-bólico e o dia-bólico na construção do humano, 149

1. A carteira de identidade do ser falante, 149

2. O ser humano, o último a chegar no cenário da história, 155

3. O espírito: primeiro no cosmos depois na pessoa, 157

4. A subjetividade é cósmica e pessoal, 160

5. Qual a missão do ser humano no universo?, 161

6. Polarizações do ser humano, 170

6.1. Ser humano: homem e mulher, 170

6.2. Ser humano: utópico e histórico, 173

6.3. Ser humano: poético e prosaico, 176

6.4. Ser humano: ser de necessidade e de criatividade, 179

6.5. Ser humano: terrenal e divino, 183

6.6. Ser humano: *sapiens* e *demens*, sim-bólico e dia-bólico, decadente e resgatável, 187

6.7. Conclusão: o ser humano, nó de relações totais, 191

Bibliografia para aprofundamento, 192

Conclusão – A luta entre a águia e o touro, 197

Glossário, 201

Livros de Leonardo Boff, 209

Prefácio à 19ª edição

Entre as muitas emergências que no último século modificaram nossa visão da realidade, três merecem especial destaque.

A primeira é a teoria da relatividade de Albert Einstein. Por ela se mostrou que matéria propriamente não existe. O que existe é a energia em distintos graus de densidade. A matéria é energia altamente condensada formando um campo de altíssima interatividade.

A segunda é a termodinâmica de Ilya Prigogine. Ele aplicou a física quântica aos processos biológicos e fez uma descoberta surpreendente: sempre que alcança alto grau de complexidade e se encontra longe do equilíbrio – portanto, em estado de caos –, matéria dá origem à vida. O caos nunca é caótico, mas generativo, e a desordem propicia o surgimento de outra ordem diferente.

A contribuição de Prigogine permitiu a unificação de todo o processo da evolução, do vácuo quântico, passando para o *big-bang* e chegando à vida, à consciência e à cultura. Criou a base comum para entender a interdependência de todos os seres e permitiu uma visão transdisciplinar de todos os saberes, pois todos eles são olhares diferentes e complementares do mesmo e único processo universal.

Neste contexto ganha especial relevância a ecologia. Ela, mais do que uma ciência, representa uma atitude que procura articular todos estes dados, conhecimentos e saberes, dando-nos a consciência de que formamos um grande Todo. No ser humano o universo chega à sua consciência. Por isso nós somos a própria Terra que sente, pensa, ama, venera e cuida.

A terceira emergência é o processo de globalização. Seu significado vai além da dimensão econômico-financeira com seus mercados entrelaçados e as interligações políticas, sociais e culturais entre os estados e os povos. Ela é tudo isso. Mas fundamentalmente representa uma nova fase da humanidade e da história da própria Terra. Os povos que estavam há milênios dispersos em suas regiões e culturas começaram a se pôr em movimento e a se encontrar na mesma Casa Comum que é o planeta Terra. Surge uma nova consciência coletiva de que Terra e humanidade constituem uma única e complexa realidade com o mesmo destino comum.

Estes e outros dados enriqueceram nossa visão do universo, da história humana e do destino de cada pessoa.

O presente livro procura introduzir o leitor e a leitora nessa nova visão, chamada também de cosmologia contemporânea. Trabalha principalmente as contradições que atravessam de ponta a ponta a evolução, cada ordem emergente, cada ser vivo, principalmente a vida humana pessoal e coletiva. Por isso o subtítulo é indicativo: *O dia-bólico e o sim-bólico na construção da realidade*.

A mesma metáfora inspiradora do livro que o antecedeu, *A águia e a galinha*, serve também de fio condutor dos capítulos que compõem as reflexões sobre a estrutura do universo, sobre o sentido da história humana e sobre o significado e a missão do homem e da mulher.

O objetivo intencionado é animar o surgimento de um novo padrão civilizatório cujo eixo articulador é a religação de tudo com tudo, devolvendo ao ser humano o sentido de totalidade, de pertença e de relação com a Fonte Originária de todo o ser.

Leonardo Boff
Petrópolis 1º de janeiro de 2006

ABERTURA
A águia e a galinha, o sim-bólico e o dia-bólico: dimensões da mesma realidade

O despertar da águia significa o desdobramento da obra anterior, *A águia e a galinha: uma metáfora da condição humana.* Naquela tentamos mostrar a coexistência da dimensão-águia/galinha dentro da realidade circundante, especialmente do ser humano. Por dimensão-águia entendemos a realidade e o ser humano em sua abertura, em sua capacidade de transcender limites, em seu projeto infinito. Por dimensão-galinha, seu enraizamento, seu arranjo existencial, os projetos concretos.

Nessa queremos retomar esta tensão sob um ângulo semelhante, também desafiador e dialético: a coexistência do sim-bólico e do dia-bólico no universo, na história e em cada pessoa humana. Ao lado do binômio águia/galinha, o sim-bólico/dia-bólico também nos propiciará uma fecunda experiência das coisas. E certamente nos possibilitará um estado de consciência mais globalizador da realidade.

1. Que significa dia-bólico e sim-bólico?

Expliquemos, antes de mais nada, os termos sim-bólico e dia-bólico. Sua origem filológica se encontra no grego clássico. Sím-bolo/sim-bólico provém de *symbállein* ou *symbállesthai*. Literalmente significa: lançar (*bállein*) junto (*syn*). O sentido é: lançar as coisas de tal forma que elas permaneçam juntas. Num processo complexo significa re-unir as realidades, congregá-las a partir de diferentes pontos e fazer convergir diversas forças num único feixe.

Originalmente existia por detrás da palavra e do conceito *símbolo* (*symbolos*) uma experiência singular e curiosa: dois amigos, por conjunturas aleatórias da vida, têm que separar-se. A separação é sempre dolorosa. Implica sentimento de perda. Deixa muita saudade para trás. Assim os dois amigos tomavam um pedaço de telha e cuidadosamente o partiam em dois, de tal modo que, juntados, encaixavam-se perfeitamente. Cada um carregava consigo o seu pedaço. Se um dia voltassem a encontrar-se, mostrariam os pedaços que deveriam encaixar-se exatamente. Caso se encaixassem, simbolizava que a amizade não se desgastou nem se perdeu. Era o *símbolo* (eis a palavra), vale dizer, o sinal de que, apesar da distância, cada um sempre conservou a memória bem-aventurada do outro, presente no caco bem cuidado de telha.

Deste significado originário de sím-bolo derivou-se naturalmente o outro: sím-bolo como sinal de distinção. Cada país, cada cidade, em certa época cada família de algum renome, e hoje cada produto, têm sua marca registrada, seu logotipo e seu símbolo. Até na religião penetrou essa significação. Para a teologia cristã, por exemplo, cunhou-se a expressão técnica *símbolo da fé* para expressar o credo e os dogmas fundamentais. Eles são os sinais de distinção, a marca registrada da fé cristã, diferente de outras formas de fé. E o dia-bólico?

Dia-bólico provém de *dia-bállein*. Literalmente significa: lançar coisas para longe, de forma desagregada e sem direção; jogar fora de qualquer jeito. Dia-bólico, como se vê, é o oposto do sim-bólico. É tudo o que desconcerta, desune, separa e opõe.

Como se pode facilmente depreender: a vida pessoal e social é urdida pela dimensão sim-bólica e dia-bólica. Em nível pessoal é feita de amizades, de amores, de solidariedades, de uniões e de convergências. E ao mesmo tempo é atravessada por inimizades, ódios, impiedades, desuniões e divergências. Em nível social vem caracterizada por lutas entre povos, entre sistemas sociais, entre classes, entre instituições e seus usuários. E, ao mesmo tempo, nela há convivência pacífica, pactos de solidariedade e convergências políticas em vista do bem comum das nações e do planeta.

Mas nunca o dia-bólico e o sim-bólico se anulam ou um suplanta totalmente o outro. Eles convivem sempre em equilíbrios difíceis, dando dinamismo à vida. Não perpassarão eles toda a realidade, também a cósmica e natural?

2. A realidade é sim-bólica e dia-bólica

Sim, podemos ir mais longe e afirmar: dia-bólico e sim-bólico são princípios estruturadores da natureza e do cosmos, dos comportamentos sociais e da própria natureza humana.

Na linguagem da ecologia se constata, por exemplo: a natureza tem características de associação, de interdependência, de solidariedade e de complementaridade, numa palavra, de cosmos (= harmonia e beleza). Ao mesmo tempo, características de parasitismo, concorrência, oposição, antagonismo e destruição, numa palavra, de caos (= desequilíbrio e desorganização).

Da biografia da Terra sabemos das inimagináveis violências que ocorreram com exterminações em massa espantosas. Nos últimos 570 milhões de anos, após o aparecimento dos vertebrados, ocorreram cerca de 15 devastações biológicas em massa. Duas delas exterminaram cerca de 90% da vida das espécies. A primeira com a fratura da Pangeia (o continente único originário) e a consequente formação dos continentes. O fragor foi tão avassalador que a vida animal, terreste e marinha quase desapareceu. Encerrava-se o paleozoico.

A segunda ocorreu há 65 milhões de anos. Aconteceram mudanças profundas nos climas e no nível das águas aceânicas. Associado a isso um asteroide rasante, do tamanho presumível de 9.6 quilômetros de diâmetro, teria colidido com a Terra. Ter-se-ia produzido uma hecatombe formidável de fogo, de maremotos, de detritos lançados ao ar, a ponto de provocar uma noite prolongada de anos, infestada de gases venenosos e assassinos. Pereceram os dinossauros depois de 130 milhões de anos de domínio soberano sobre todas as espécies e em todo o planeta. Desapareceu 50% da vida na Terra e 90% da vida no mar. Encerrou-se a era mesozoica. Eis a presença devastadora do dia-bólico na natureza e na Terra.

Há analistas vindos da biologia e da cosmologia que suspeitam estarmos na iminência de outra devastação em massa. Ela estaria em curso já há dois milhões de anos com as glaciações que, notoriamente, dizimaram vidas vegetais e animais. Mas após o neolítico irrompeu um meteoro rasante, perigoso e ameaçador: o ser humano, o *homo habilis* e *sapiens*. Com sua tecnologia, especialmente hoje altamente energívora, acelera o processo de exterminação em níveis quase incontroláveis. Será possível evitar o colapso ecológico? Eis o desafio ético e político que se nos antolha. Podemos contornar a ameaça com sabedoria, com autocorreção, com veneração e com compaixão. Nosso livro crê neste processo de resgate do ser humano e da Terra.

Vamos dar mais um exemplo da bipolaridade com referência à natureza e à Terra. É sem dúvida fascinante e tranquilizador andar numa floresta virgem e primária, captar a consorciação das plantas, detectar os parasitas nos troncos, identificar as grandes árvores, os arbustos, as tabocas e as gramíneas; desfrutar do frescor do ar, das nuanças do verde, da sinfonia dos ruídos, da filtração dos raios solares e da sombra benfazeja. A harmonia do ecossistema nos pervade e alimenta nosso centro pessoal. É uma experiência do sim-bólico.

Conhecendo, entretanto, um pouco de biologia e de botânica, mal imaginamos a luta renhida que simultaneamente se trava no reino vegetal. As plantas se sobrepõem umas às outras e lutam para garantir seu lugar ao sol. Em função de ganhar espaço, promovem guerras químicas no subsolo, com emissão de venenos, inibidores e bactérias, opondo plantas e raízes a outras plantas e raízes. Procura-se vencer a concorrente e eventualmente eliminá-la. Eis a ação do dia-bólico.

O que pareceria, à primeira vista, cooperativo, associativo e solidário, emerge agora como concorrencial, biofágico e destruidor. Há aí a coexistência tensa e dramática do sim--bólico com o dia-bólico.

O que dissemos da floresta, podemos estendê-lo a toda a natureza. Ela é mãe generosa e ao mesmo tempo mãe voraz. É sábia (nela há regularidades e harmonias, a articulação da parte e do todo). E simultaneamente também insana (crueldade na reprodução quando o macho é morto, como no caso do louva-a-deus, extinções em massa, cataclismos destruidores). Produz tudo e também tudo devora. Nela há vida e morte em profusão. Trilhões de partículas e feixes energéticos jorram do vácuo quântico a cada fração mínima de tempo. Produzem-se milhões de espermas. Um sem-número de óvulos. Flores aos milhares. E sementes incontáveis. A maioria desaparece e morre no momento mesmo em que nasce. Como se há de entender esse fenômeno de vida e de morte? Fenômeno dia-bólico e sim-bólico?

Historicamente, uma linha de interpretação privilegiou o polo sim-bólico da natureza, quer dizer, o *cosmético* (que vem de cosmos = ordem e beleza). Vê a natureza como mãe--natureza, produtora fecunda, nutridora generosa, regeneradora inteligente, criadora sábia de equilíbrio e de harmonia. O lema é: "a vida vivifica a vida". Outra enfatizou o polo dia-bólico, quer dizer, o *caótico* (que vem de caos = desestruturação). Ressalta na natureza a luta entre as espécies com a vitória do mais adaptável, a violência de bactérias, de animais como o tubarão, e a implacável virulência dos vulcões e furacões. O lema é: "a tua morte é a minha vida".

Ambas as correntes fizeram historicamente fortuna. De certa forma dividem até hoje as opiniões. Incidem na cultura, nas atitudes de pessimismo ou otimismo cultural, político, econômico e ecológico. Face ao futuro, produzem cenários de esperança ou de tragédia, conforme se acentue mais o sim-bólico ou o dia-bólico.

A mesma polarização dia-bólico/sim-bólico encontramos no ser humano. Ele é simultaneamente *sapiens* e *demens*. É portador de inteligência, de amorização, de propósito. E ao mesmo tempo mostra demência, excesso, violência e impiedade. Aprofundemos um pouco mais essa questão, pois ela deverá embasar nossas reflexões ao longo de todo o livro.

3. O homem *sapiens* e *demens*

Toda a nossa cultura, à deriva do Iluminismo, exalta o *homo sapiens*, o homem inteligente e sábio. Duplicou-lhe até a qualificação. Chama-o de *sapiens sapiens*, sábio-sábio. Magnifica sua atitude conquistadora do mundo, desvendadora dos mecanismos da natureza, interpretadora dos sentidos da história. Reconhece no ser humano *sapiens sapiens* uma dignidade inviolável.

Curiosamente, os mesmos que afirmavam tais excelências do ser humano na Europa, especialmente a partir da Revolução Francesa (1789), as negavam em outros lugares: escravizavam a África, assujeitavam a América Latina, invadiam a Ásia. Por onde passavam deixavam rastos de devastação e de pilhagem de riquezas materiais e culturais. Mostravam no ser humano o lado de demência, de lobo voraz e de satá da Terra. É o *homo demens demens*.

Hoje, dada a degradação da condição humana e ecológica mundial, despertamos do sono iluminista. Estamos espantados com a possibilidade de o ser humano *demens demens* se fazer ecocida* e geocida*, vale dizer, de eliminar ecossistemas e de acabar com a Terra. Ele já mostrou que pode ser suicida, homicida e etnocida.

Colocados os dados assim, justapostos e em mútua contraposição – o diabólico e o simbólico, o *sapiens* e o *demens* – lança-se espontaneamente a pergunta: Como construir o humano se nele convivem o anjo da guarda e o diabo exterminador? Como articular uma *ars combinatoria* (arte combinatória) que permita uma alquimia para construir o ser humano utilizan-

---

* Sempre que aparecer este sinal (*) junto às palavras significa que elas serão explicadas no glossário.

do com sabedoria as energias do sim-bólico e do dia-bólico? Onde está o mago capaz desta transformação?

Precisamos construir pontes. Criar uma terceira margem. Ultrapassar oposições. Importa assumir o dia-bólico e o sim-bólico num nível superior e includente. Antecipando uma resposta inicial a esse desafio na natureza e no ser humano, direi com referência às questões acima suscitadas: as devastações da biosfera foram de suprema violência, mas nunca exterminaram completamente a vida. Depois de cada hecatombe a Terra necessitou de 10 milhões de anos para refazer-se do impacto e reconstituir a biodiversidade. Mas conseguiu reconstruir sua ordem e sua harmonia. A floresta, com seus antagonismos e associações, forma um ecossistema ordenado e belo. A natureza, maternal e ameaçadora, constitui um imenso superorganismo vivo, sistema aberto de inter-retro-relações que lhe confere unidade, totalidade, dinamismo e elegância. Ela não é biocentrada, como se a vida devesse sempre triunfar. Ela dá lugar à morte como forma de transformação. Ela, na verdade, equilibra sempre vida e morte.

A vida humana, demente e sábia, é parte e parcela da história da vida. Esta, por sua vez, é parte e parcela da história da Terra. A vida humana deve, pois, ser entendida na lógica que preside os processos da Terra, da natureza e do inteiro universo. Não pode ser tomada como uma província à parte, desarticulada do todo. O dia-bólico deve ser sempre visto em relação dialética com o sim-bólico e vice-versa, por mais que isso nos custe em termos de compreensão. A razão não é tudo. Tem alcance e limites. Há razões que transcendem a razão. Às vezes somente a empatia, a intuição e o coração podem alcançá-las. Outras vezes elas permanecem na dimensão do mistério, possivelmente só decifrável na vida para além desta vida.

Por isso, ao longo deste livro vamos sustentar a seguinte tese: o humano se constrói e deve construir-se, não apesar da contradição dia-bólico/sim-bólico ou águia/galinha, mas com e através dessa contradição. Na construção do humano entram o caos e o cosmos, o *demens* e o *sapiens*, o dia-bólico e o sim-bólico.

Não somente ele se constrói nessa lógica complexa, mas também o próprio universo. Os conhecimentos cosmológicos, as visões da nova física das partículas elementares e dos campos energéticos, a percepção que a biologia molecular e genética nos fornecem, numa palavra, o que o discurso ecológico (que incorpora e sistematiza todos estes saberes) nos ensina, é a inclusão dos contrários, é a lei da complementaridade, é o jogo das interdependências. É a teia de relações pelas quais tudo tem a ver com tudo em todos os momentos e em todas as circunstâncias. É o funcionamento articulado de sistemas e subsistemas que tudo e a todos englobam. Numa palavra, é a visão holística* e holográfica*.

O dia-bólico e o sim-bólico, a águia e a galinha se encontram dentro de um sistema maior que os encerra, os dinamiza e também os supera. Na verdade, como veremos, eles constituem o motor secreto da evolução e de todo movimento universal. Ambos têm uma raiz comum: a interdependência entre todos os seres. Um precisa do outro, vive com o outro, através do outro, para o outro. Todos se complementam. Ninguém fica fora da rede de relações includentes e envolventes. Ninguém apenas existe. Todos interexistem e coexistem.

Tais oposições são lados de uma mesma realidade, una, diversa, contraditória, plural. Quando falamos de complexidade, queremos expressar essa natureza singular da realidade.

Não há o ser simples. Todos os seres são complexos. Quanto mais relacionados, mais complexos. Consequentemente surge a lógica do complexo que ultrapassa a lógica linear da identidade pura e simples. É a lógica dialógica que se realiza estabelecendo conexões em todas as direções.

As dificuldades referentes à coexistência do dia-bólico com o sim-bólico se prendem ao fato de serem vistos separados e opostos. Não se toma em conta a conexão, nem sempre visível e não raro misteriosa, existente entre eles. A mútua pertença e complementaridade dentro de um sistema maior.

4. O jogo do sim-bólico e do dia-bólico no universo

Antecipamos aqui o que iremos detalhar em um capítulo específico mais adiante. A lógica do universo e de todos os seres nele existentes é esta: organização – desorganização – interação – reestruturação – nova organização. Nunca há um equilíbrio estático, mas dinâmico e sempre por fazer. Sempre há a ecoevolução. A virtude principal não é a estabilidade, mas a capacidade de criar estabilidades novas a partir de instabilidades. A lógica da natureza não é recuperar o equilíbrio anterior, mas gestar novas formas de equilíbrio aberto. Esta aptidão permite à vida desenvolver-se, produzir a diversidade e perpetuar-se. A vida inventa até a morte para poder continuar em um nível superior e mais aberto.

O universo se construiu e se constrói a partir e através do dia-bólico, do caos, o *big-bang* primordial. Esse dia-bólico é generativo, pois propicia novas formas de organização. Faz evoluir o cosmos sob formas cada vez mais sim-bólicas, complexas e ricas.

Nas palavras de nosso tema, o sim-bólico se constrói a partir do dia-bólico. O sim-bólico se refaz e se reestrutura continuamente na medida em que se confronta, integra e eleva a níveis mais altos o dia-bólico que carrega sempre dentro de si.

Um exemplo singelo tirado do estômago de uma vaca pode ilustrar o que estamos afirmando. O estômago é habitado por uma imensa colônia de bactérias que se nutrem de celulose. A vaca come o pasto que contém celulose. Eis o alimento das bactérias. Por outra parte, a vaca faz o bolo alimentar que absorve trilhões e trilhões destas bactérias. Alimenta-se delas mediante a ruminação do bolo alimentar. A vaca se faz, assim, predadora das bactérias, como as bactérias se fazem predadoras da celulose. As bactérias comem o pasto-celulose da vaca e são, por sua vez, comidas pela vaca. Sem o pasto-celulose as bactérias não existiriam. E sem as bactérias as vacas também não, porque sem a ruminação das bactérias no bolo alimentar morreriam de inanição e de fome. Vê-se aqui a mútua dependência, a simbiose entre as bactérias e a vaca.

Importa ver, portanto, o conjunto, a unidade feita dos elementos opostos, o dia-bólico e o sim-bólico, bactérias e vaca. Eles se fazem complementares. A vaca precisa das bactérias e as bactérias precisam da vaca. Elas dizem: a tua vida é a minha morte, a tua morte é a minha vida. Elas se complementam.

A teologia cristã, em sua sabedoria antiga, contemplava esta mesma dimensão na Igreja de Cristo. Chamava-a ousadamente de *casta meretrix*, casta meretriz. É *casta*, diziase, porque vive da graça do Cristo. É *meretriz* porque continuamente atraiçoa o divino Esposo. Como sinal de Deus no mundo (sacramento), participa da ambiguidade de todo sinal: pode ser incompreendida ou mal-interpretada. Em razão disso pode ser um sinal e um antissinal de Deus. Como ensinavam, há muito, os teólogos: o sacramento da Igreja contém inevitavelmente uma dimensão dia-bólica e uma dimensão-sim-bólica. O esforço não consiste em acabar com esta tensão. Enquanto vivermos na história ela é insuperável. O esforço consiste em nunca permitir que o diabólico ganhe hegemonia, mas o sim-bólico. E também não se há de querer erradicar o dia-bólico, senão que ele seja integrado de tal maneira que acabe por reforçar e conferir dinâmica ao sim-bólico.

Voltemos à situação do ser humano. Ele é *sapiens* e *demens*. Como construí-lo nos dias de hoje, pessoal e socialmente, quando mostrou falta de sabedoria e imensa capacidade de demência?

A questão é complexíssima. Talvez o caminho seja até inacessível à pura razão analítica. Exige, antes, uma razão prática e simbólica, sensível a valores. Efetivamente, a demência humana comporta uma dimensão ética. Vale dizer, supõe responsabilidade, culpa, reparação, reversibilidade e evitabilidade. O mal ético na história sempre, desde Jó, foi e continua sendo um desafio para toda concepção humanística da vida.

O mal não está aí para ser compreendido, mas para ser combatido. Na medida em que é superado, deixa entrever sua ordenação a um todo maior no qual deixa de ser absurdo. Apresenta-se como incentivador na construção de novos caminhos e de estados de consciência mais altos e maduros. A partir daí ele vem investido de sentido. Do dia-bólico gesta-se o sim-bólico.

Importa, portanto, descongelar o mal e o dia-bólico. Colocá-los em movimento, como parte de um processo.

Fazem parte da cosmogênese e da antropogênese. É condição originária da evolução.

Mas cabe honestamente reconhecer: nem sempre esse sentido é perceptível. Ele exige fé e esperança. Essas atitudes não são voluntarísticas. Estão fundadas no caráter virtual da própria realidade que carrega em seu bojo o sentido encoberto. Num sentido global, esse sentido se revela em sua patência somente no fim. Até lá cabe-nos esperar e crer pacientemente. Essa atitude exige desprendimento, serenidade e sabedoria. É uma condição inevitável de nosso estado de criaturas, limitadas e sempre abertas para frente e para cima.

5. As travessias do ser humano rumo à integração

Para alcançarmos sabedoria que nos ofereça alguma luz sobre a conexão dia-bólico e sim-bólico da realidade, importa:

Em primeiro lugar, tirar o ser humano de seu falso pedestal e de sua solidão onde se autocolocou: fora e acima da natureza. É seu antropocentrismo ancestral e seu individualismo visceral. Ele interexiste e coexiste com outros seres no mundo e no universo. Ele precisa reconhecer esse vínculo de solidariedade cósmica e inserir-se conscientemente nela. A centralidade em si mesmo – antropocentrismo – é sinal de arrogância e de falsa consciência. Em primeira instância, nós somos para a Terra. Somente a partir daí, a Terra é para nós.

Em segundo lugar, importa devolver o ser humano à comunidade dos humanos. Descobrir a família humana, o sentimento de solidariedade, de corresponsabilidade, de familiaridade, de intimidade e de subjetividade. Hoje a planetização se realiza em sua idade de ferro, sob o mercado competitivo e não cooperativo. Por isso faz tantas vítimas.

Mas ele cria as precondições materiais para novas formas de planetização: a política, a ética, a cultura e outras. Oferece a base imprescindível para uma nova etapa da hominização: a etapa planetária, da consciência da espécie e da única sociedade mundial. A ela se ordena, quer queira quer não.

Em terceiro lugar, importa passar da humanidade à comunidade dos seres vivos (biocenose*). O ser humano precisa desenvolver veneração, respeito, piedade, compaixão para com todos os seres que sentem e sofrem. Cruel e desumano é matar crianças e torturar animais. É falta de compaixão manter vacas confinadas, num estreitíssimo cubículo, com alimentação quimicamente balanceada, para que se transformem em fábricas de carne. Dramático, entretanto, é perder a piedade para com a vida humana e compaixão para com todos os que sofrem. Sem essas atitudes, nada será impossível, nem guerras nucleares, nem colapsos ecológicos, nem a autodestruição da espécie *homo*. Importa defender a vida, os valores da vida e uma política orientada para a salvaguarda e desenvolvimento integral da vida.

Em quarto lugar, urge passar da comunidade dos seres vivos (biocenose*) à Terra, entendida como Grande Mãe, Gaia* e superorganismo vivo. O ser humano é filho e filha da Terra. Mais ainda, é a própria Terra que em sua evolução chegou ao estágio de consciência reflexa, de amorização, de responsabilização e de veneração do Mistério.

Em quinto lugar, importa passar da Terra ao cosmos. O que o ser humano é em relação à Terra (a consciência e o amor), é a Terra em relação ao cosmos. Um dos lugares, quem sabe, entre outros milhões e milhões onde irrompeu reflexamente o Espírito e a Consciência e o Amor incondicional. A Terra é um dos cérebros e um dos corações do cosmos por nós conhecido.

Por fim, urge passar do cosmos ao Criador. Cabe ao ser humano decifrar o Mistério que perpassa e subjaz a todos os seres e a todo o universo. O homem/mulher moderno que passou pela universidade é geralmente agnóstico. Tem dificuldade em crer. E, quando crê, tem dificuldade em mostrar sua fé. Diferentemente se comportava o ser humano de outras etapas da evolução. Ele sabia dar ao Mistério mil denominações. Fazer-lhe festas, celebrar-lhe o advento. Enfim, o ser humano se descobria e se descobre ainda hoje um ser espiritual, filho e filha de Deus, Deus mesmo por participação.

Queremos, em nosso texto, dialetizar a águia e a galinha, o dia-bólico e o sim-bólico, o caos e o cosmos, a fim de apresentar uma tentativa singela de integração que seja holística*, aberta e esperançosa face à crise que a todos desola e acrisola.

Bibliografia para aprofundamento

ARAÚJO de OLIVEIRA, M. *Ética e práxis histórica*. São Paulo: Ática, 1995.

ARENDT, H. *A condição humana*. São Paulo: Forense Universitária, 1997.

ASSMANN, H. *Metáforas para reencantar a educação* – Epistemologia e didática. Piracicaba: Unimed, 1996.

BERRY, Th. *O sonho da Terra*. Petrópolis: Vozes, 1991.

BOFF, L. *A nova era*: a civilização planetária. São Paulo: Ática, 1994.

_____. Elementos de uma teologia da crise. In: *A vida segundo o Espírito*. Petrópolis: Vozes, 1982, p. 11-35.

_____. O momento sim-bólico e dia-bólico no sacramento da Igreja (do livro em alemão *Die Kirche als Sakrament im Horizont der Welterfahrung*, Paderborn: Bonifacius-Druckerei, 1972, p. 476-498).

CAPRA, F. *A teia da vida* – Uma nova compreensão científica dos sistemas vivos. São Paulo: Cultrix, 1997.

_____. *Sabedoria incomum*. São Paulo, Cultrix, 1991.

DUVE, C. de. *Poeira vital* – A vida como imperativo cósmico. São Paulo: Campus, 1997.

GLEICK, J. *Caos* – A criação de uma nova ciência. São Paulo: Campus, 1989.

GRIBBIN, J. *No início* – Antes e depois do big bang. Rio de Janeiro: Campus, 1997.

JOHNSON, G. *Fogo na mente* – Ciência, Fé e a busca da Ordem. Rio de Janeiro: Campus, 1997.

LEIS, H.R. et al. *Ecologia e política mundial*. Petrópolis: Vozes, 1991.

LIPNACH, J. & STAMPS, J. *Networks, rede de conexões* – Pessoas conectando-se com pessoas. São Paulo: Aquariana, 1992.

LUTZEMBERGER, J. *Fim do futuro?* Porto Alegre: Movimento, 1980.

MATURANA, H. & VARELA, F. *A árvore da vida* – As bases biológicas do entendimento humano. Campinas: Psy II, 1995.

MORIN, E. *Ciência com consciência*. Rio de Janeiro: Francisco Alves, 1995.

MÜLLER, R. *O nascimento de uma civilização global*. São Paulo: Aquariana, 1994.

PRIGOGINE, I. & STENGERS, I. *A nova aliança* – Metamorfose da ciência. Brasília: Editora da Universidade de Brasília, 1990.

RUSSEL, P. *O despertar da Terra* – O cérebro global. São Paulo: Cultrix, 1991.

SAGAN, C. *Pálido ponto azul* – Uma visão do futuro da humanidade no espaço. São Paulo: Companhia das Letras, 1996.

SOUZA, E. *Do diabólico ao simbólico em mitologia*. Brasília: Editora da Universidade de Brasília, 1980.

TOOLAN, D.S. *Cosmologia numa era ecológica*. São Paulo: Loyola, 1994.

UNGER, N.M. *Encantamento do humano*: ecologia e espiritualidade. São Paulo: Loyola, 1991.

WARD, P. *O fim da evolução* – Extinções em massa e a preservação da biodiversidade. Rio de Janeiro: Campus, 1997.

WEIL, P. *Sementes para uma nova era*. Petrópolis: Vozes, 1986.

ZOHAR, D. *O ser quântico* – Uma visão revolucionária da natureza humana e da consciência baseada na nova física. São Paulo: Best Seller, 1991.

1
Rumo à civilização da re-ligação

Analistas, especialmente vindos da biologia, das ciências da Terra e da cosmologia, nos advertem que o tempo atual se assemelha muito às épocas de grande ruptura no processo da evolução, épocas caracterizadas por extinções em massa. Efetivamente, a humanidade se encontra diante de uma situação inaudita. Deve decidir se quer continuar a viver ou se escolhe sua própria autodestruição.

O risco não vem de alguma ameaça cósmica – o choque de algum meteoro ou asteroide rasante – nem de algum cataclismo natural produzido pela própria Terra – um terremoto sem proporções ou algum deslocamento fenomenal de placas tectônicas. Vem da própria atividade humana. O asteroide ameaçador se chama *homo sapiens demens,* surgido na África há poucos milhões de anos.

Pela primeira vez no processo conhecido de hominização, o ser humano se deu os instrumentos de sua própria destruição. Criou-se verdadeiramente um princípio, o de autodestruição, que tem sua contrapartida, o princípio de responsabilidade. De agora em diante a existência da biosfera estará à mercê da decisão humana. Para continuar a viver o ser humano deverá querê-lo. Terá que garantir as condições de sua sobrevida. Tudo depende de sua própria responsabilidade. O risco pode ser fatal e terminal.

Nos últimos três séculos a humanidade ocidental se organizou mais na insensatez do que na sabedoria. Seu estilo de vida é hoje mundializado. A ele está ligada a destruição de ecossistemas, a ameaça nuclear e a falta de compaixão, relegando milhões e milhões de pessoas à miséria.

Os indicadores da situação mundial são alarmantes. Deixam transparecer pouco tempo para as mudanças necessárias. Estimativas otimistas estabelecem como data-limite o ano 2030. A partir daí a sustentabilidade do sistema-Terra não estará mais garantida.

Agora, porém, mais do que nunca precisamos ter sabedoria. Sabedoria para captar as transformações imprescindíveis. Sabedoria para definir a direção certa. Sabedoria para projetar o sonho que nos guiará. Sabedoria, enfim, para priorizar as ações concertadas que vão traduzir este sonho em realidade.

1. Da insensatez à sabedoria

Resumidamente, três são os nós problemáticos que, urgentemente, devem ser desatados: o nó da exaustão dos recursos naturais não renováveis, o nó da suportabilidade da Terra (quanto de agressão ela pode suportar?) e o nó da injustiça social mundial.

Não pretendemos detalhar tais problemas amplamente conhecidos. Apenas queremos compartilhar e reforçar a convicção de muitos, segundo a qual a solução para os referidos problemas não se encontra nos recursos da civilização vigente. Pois o eixo estruturador desta civilização reside na vontade de poder e de dominação. Assujeitar a Terra, espoliar ao máximo seus recursos, conquistar povos e apropriar-se de suas riquezas, buscar a prosperidade mesmo à custa da exploração da força de trabalho e da dilapidação da natureza: eis o sonho maior que mobilizou e continua mobilizando o mundo moderno. Ora, esta vontade de poder e de dominação está levando a humanidade e a Terra a um impasse fatal. Ou mudamos ou pereceremos.

Temos que mudar nossa forma de pensar, de sentir, de avaliar e de agir. Somos urgidos a fazer uma revolução civilizacional. Sob outra inspiração e a partir de outros princípios mais benevolentes para com a Terra e seus filhos e filhas. Por ela os seres humanos poderão salvar-se e salvar também o seu belo e radiante planeta Terra.

Mais ainda. Esposamos a ideia de que os sofrimentos atuais possuem uma significação que transcende a crise civilizacional. Eles se ordenam a algo maior. Revelam o trabalho de parto em que estamos, sinalizando o nascimento de um novo patamar de hominização. Estão surgindo os primeiros rebentos de um novo pacto social entre os povos e de uma nova aliança de paz e de cooperação com a Terra, nossa casa comum.

Recusamo-nos à ideia de que os 4,5 bilhões de anos de formação da Terra tenham servido à sua destruição. As crises e os sofrimentos se ordenam a uma grande aurora. Ninguém poderá detê-la. De uma época de mudança passamos à mudança de época. Estamos deixando para trás um paradigma que plasmou a história nos últimos quinze mil anos.

2. O fim das revoluções do neolítico

Há dez ou doze mil anos atrás o ser humano inaugurava o neolítico. Abandonou as cavernas e se aventurou na conquista do mundo exterior. Transformou-o por sucessivas revoluções que podemos chamar de revoluções do neolítico.

A primeira delas, a mais universal de todas, foi a *revolução agrícola*. Domesticaram-se animais e plantas, irrigaram-se campos, criaram-se vilas e cidades e garantiu-se a infraestrutura da subsistência material dos seres humanos. A partir desta época lançaram-se as raízes do patriarcalismo, quer dizer, da dominação do princípio masculino e dos homens sobre as mulheres na organização da vida humana. Em termos tecnológicos foi uma grande libertação. Mas a que custo?

14 mil anos após, fez-se a *revolução industrial*. Criou-se a máquina que incorporou a si a força física do ser humano. Este não precisa mais fazer grandes esforços, carregar pesos e gastar sua saúde na produção. A máquina o substitui. Manteve-se e até se reforçou o patriarcalismo, pois aumentaram os meios e as formas da dominação sobre as pessoas e a natureza. Não obstante, com relação às carências humanas foi uma considerável libertação. Mas a que custo?

Nos nossos dias, trezentos anos após, fez-se a *revolução do conhecimento* e da *comunicação*. Criou-se outro tipo de máquina que incorporou a si a força mental do ser humano: o cálculo, o trabalho intelectual, a invenção através do computador, do robô e da informática. Avançou-se para dentro do coração da matéria, tirando informações das partículas subatômicas e das energias primordiais. Penetrou-se para dentro do mistério da vida, colhendo as informações do código genético e revolucionando o futuro pela biotecnologia e pela copilotagem da evolução. É uma libertação tecnológica inimaginável. Mas a que custo?

Importa, entretanto, reconhecer que assistiu-se à emergência do feminino, desmascarando a presença do poder masculino em todos os campos da vida familiar e social, nas expressões da linguagem, na formulação dos saberes e na instituição de ritos e tradições, denunciando o patriarcado como poder opressor da mulher e do próprio homem. Especialmente o ecofeminismo obrigou o masculino e toda a cultura a uma redefinição no sentido de mais equilíbrio e de relações mais inclusivas e participatórias.

Há que se reconhecer: todas estas revoluções nascidas na viragem do neolítico transformaram, sem dúvida, a face da Terra. Encurtaram distâncias e aceleraram o tempo. Trouxeram comodidades para a vida cotidiana, enchendo, por exemplo, nossas casas de eletrodomésticos e de outros instrumentos de comunicação. Trocaram as paisagens. Onde ontem era mar hoje é uma cidade. Onde havia uma montanha, hoje funciona uma fábrica. A própria composição físico-químico-biológica do planeta é outra. O ser humano acumulou um poder imenso, mas perigoso.

Este processo conquistou, em maior ou menor escala, todos os quadrantes da Terra. Penetrou em todas as culturas até as mais recônditas no coração da floresta amazônica ou no interior do Sudeste Asiático. Aí pode faltar comida na mesa, mas não falta um aparelho de rádio ou de televisão que permite aos moradores estar ligados ao mundo e sonhar. Tudo hoje é pensado, projetado e produzido em função da aldeia global planetária em que se está transformando nosso planeta Terra.

Simultaneamente, este processo é responsável pela devastação do sistema-Terra, pela monocultura tecnológica e material, pelo patriarcalismo ainda dominante, pela desumanização e falta de compaixão nas relações sociais. A Terra e os humanos pagaram um preço demasiadamente alto pelo tipo de desenvolvimento que projetaram. Hoje a perpetuidade deste processo pode destruir-nos.

3. O Adão dominador e o Prometeu conquistador

Para ultrapassá-lo, importa identificar as causas geradoras. Não basta, porém, narrar a história cronológica, como fizemos rapidamente. Urge denunciar o motor que empurrou esta história ao ponto dramático em que ela chegou nos dias atuais. Que propósito se esconde por detrás de todo este imenso processo técnico-científico-cultural, a um tempo benfazejo e perverso?

Respondemos: esconde-se a figura do Adão bíblico que, consoante o texto sagrado, sente o chamado de dominar a Terra e tudo o que ela contém: as aves do céu e os peixes do mar. Oculta-se a figura mitológica de Prometeu, divindade que roubou o fogo do céu e o entregou aos humanos, fazendo-se assim inspirador do processo civilizatório, assentado sobre o poder-dominação.

A vontade de poder e de dominação é o projeto antropológico em vigor desde o neolítico. Ele ganhou sua expressão clássica no antropocentrismo que marcou toda a trajetória cultural a partir de então. Assujeitar a Terra, aproveitar-se de seus recursos, ignorar a autonomia dos demais seres vivos e inertes, conquistar outros povos e submetê-los para construir a prosperidade: eis o sonho maior que mobilizou desde sempre aquela porção da humanidade, detentora dos meios de poder, de ter e de saber.

O projeto de poder-dominação ganhou sua expressão dura a partir do século XVII. Naquela época começou a ser montada a máquina industrialista. Já se haviam construído as bases filosóficas para tal empresa através de René Descartes (1596-1650). Este ensinava que o ser humano deve ser "o mestre e o dono da natureza". Ou também através de Francis Bacon (1561-1626), o pai do método científico, que via o laboratório como uma câmara de torturas de inquisidor. Deve-se forçar, coagir, torturar a natureza, escrevia ele, até que ela entregue todos os seus segredos. Foi o autor da expressão: saber é poder. E o poder era entendido como capacidade de dominar, isto é, fazer com que os outros façam aquilo que o mais forte quer.

Com essa postura radicalizou-se o antropocentrismo: a dominação total da natureza pelo ser humano. Reafirmou-se destarte o patriarcalismo, pois o projeto de dominação foi excogitado e implantado pelo homem-macho, marginalizando a mulher e identificando-a com a natureza. Natureza e mulher, no entender desse projeto, devem ser submetidas pelo homem-macho. Em consequência perdeu-se o sentido da unicidade de toda a vida e da diversidade de suas manifestações, a percepção espiritual do universo e o *esprit de finesse* (espírito de fineza) face ao mistério da vida e do universo. Todas estas características são contribuições que o feminino (a dimensão da *anima*, no homem e na mulher, mas principalmente na mulher) poderiam ter dado à humanidade. Ao invés disso imperou o *esprit de géometrie* (o *animus*, o espírito de cálculo e de controle), expressão máxima do masculino.

Esta base filosófica foi conjugada com a base científica. Galileu Galilei (1564-1642), Copérnico (1473-1543) e Newton (1643-1727) forneceram a nova imagem do mundo fundada na matemática, na física e na astronomia heliocêntrica. O casamento da teoria com a prática originou a cosmologia*, chamada moderna.

Esta cosmologia possui as seguintes características: é materialista e mecânica; é linear e determinística; é dualista e reducionista; é atomística e compartimentada. Expliquemos estes termos.

O universo, nesta percepção do mundo (cosmologia), é composto de matéria, essencialmente estática e inerte. Ele funciona como uma máquina que existe desde sempre. As leis são determinísticas e permitem uma descrição matemática exata de todos os fenômenos. A lógica é linear, pois para cada efeito existe a causa correspondente. Toda a complexidade da realidade é reduzida aos seus elementos mais simples.

É reducionista porque reduz a capacidade de conhecimento dos seres humanos somente ao enfoque científico. Submetendo-a à manipulação técnica, reduz-se a capacidade da natureza de regenerar-se criativamente. Vê todas as realidades, das estrelas ao corpo humano, compostas pelos mesmos elementos básicos (os átomos indivisíveis e inertes), discretos, justapostos, sem qualquer relação uns com os outros, cujos processos são todos mecânicos.

É dualista porque separa matéria e espírito, homem e mulher, religião e vida, economia e política, Deus e mundo. O espírito vem ignorado ou isolado à esfera do privado. O que conta é a matéria, mensurável, matematizável, manipulável e destituída de qualquer irradiação e propósito. É entregue, sem qualquer consideração ética ou espiritual prévia, ao projeto de desenvolvimento material arquitetado pelo ser humano.

Já se disse que os efeitos desta visão reducionista e dividida sobre a mente humana corresponde a uma verdadeira lobotomia: deixou-nos a todos obtusos para as maravilhas da natureza e insensíveis face à reverência que o universo naturalmente provoca. Deixou-nos desencantados. Há coisa pior do que perder a magia, o brilho, a irradiação da vida, das pessoas, das coisas e do universo?

Em termos sociais, a vontade de poder concretizou-se como vontade obsessiva e desmesurada de concentrar poder, de enriquecer, de conquistar novas terras e de subjugar outros povos. Tal propósito constituiu a grande obsessão a partir do século XVI, no alvorecer da Modernidade, que se traduziu em colonialismo, em imperialismo e na imposição da monocultura material, cultural e religiosa onde quer que chegassem os comerciantes e os missionários europeus. Aplicou-se à sociedade o que Darwin (1809-1882) ensinou acerca da evolução das espécies e da seleção natural: só sobrevive o mais forte. Isso significa: os povos considerados menos desenvolvidos e as classes tidas por mais fracas devem ser subordinados aos autoconsiderados mais fortes, no caso aos europeus brancos e cristãos. Estes assumiram, efetivamente, a função de mostrar a todos aqueles o seu lugar de subordinados. E de conduzi-los para lá geralmente utilizando a violência, muita violência.

Entretanto, não é suficiente denunciar a vontade de poder-dominação com suas incontáveis vítimas. Há por detrás uma raiz ainda mais funda que no nosso livro *Ecologia: grito da Terra, grito dos pobres* tentamos aprofundar. Voltaremos a ela mais adiante em nossa reflexão. Aqui acenamos apenas com uma rápida consideração. O ser humano, na sua aventura evolucionária, foi se afastando lentamente de sua casa comum, a Terra. Foi quebrando os laços de coexistência com os demais seres, seus companheiros na ecoevolução. Perdeu a memória sagrada da unicidade da vida nas suas incontáveis manifestações. Esqueceu a teia de interdependências de todos os seres, de sua comunhão com os vivos e da solidariedade entre todos. Colocou-se num pedestal.

Pretendeu, a partir de uma posição de poder, submeter todas as espécies e todos os elementos da natureza. Tal atitude introduziu a quebra da re-ligação de todos com todos. Eis o pecado de origem de nossa crise civilizacional que está chegando nos dias de hoje ao seu paroxismo.

Temos que encontrar o elo perdido. Urge refazer o caminho de volta, como filhos pródigos, à casa materna comum, à Terra. Abraçar os demais irmãos e irmãs, as plantas, os animais e todos os seres. Para regressar do exílio a que nos submetemos, como na parábola bíblica do filho pródigo, temos que alimentar saudades e cultivar sonhos.

4. Que sonhos nos orientam?

Para refazer a aliança com a Terra e selar um pacto de benquerença para com todos os seres, os sonhos são da maior importância. Morrem as ideologias e envelhecem as filosofias. Mas os sonhos permanecem. São eles o húmus que permite continuamente projetar novas formas de convivência social e de relação para com a natureza. Com acerto escrevia o cacique pele-vermelha Seattle, ao Governador Stevens, do Estado de Washington em 1856, quando este forçou a venda das terras indígenas aos colonizadores europeus. O cacique, com razão, não entendia por que se pretendia comprar a terra. Pode-se comprar e vender a aragem, o verde das plantas, a limpidez da água e o esplendor da paisagem? Neste contexto reflete que os peles-vermelhas compreenderiam o porquê e a civilização dos brancos "se conhecessem os sonhos do homem branco, se soubessem quais as esperanças que esse transmite a seus filhos e filhas nas longas noites de inverno, e quais as visões de futuro que oferece para o dia de amanhã".

Qual é o nosso sonho? Que esperança transmitimos aos jovens? Que visões de futuro ocupam as mentes e o imaginário coletivo através das escolas, dos meios de comunicação e de nossa capacidade de criar valores? Que cuidado desenvolvemos para com a natureza e que benevolência suscitamos para com todos os seres da criação? Que novas tecnologias utilizamos que não neguem a poesia e a gratuidade? Que irmandade estabelecemos entre todos os povos e culturas? Que nome damos ao Mistério que nos circunda e com que símbolos, festas e danças o celebramos?

As respostas a estas indagações geram um novo padrão civilizatório. Face às transformações que atingem os fundamentos de nossa civilização atual indagamos: Quais são os atores sociais que propõem um novo sonho histórico e desenham um novo horizonte de esperança? Quem são os sujeitos coletivos gestadores da nova civilização?

Sem detalharmos a resposta podemos dizer: eles se encontram em todas as culturas e em todos os quadrantes da Terra. Eles irrompem de todos os estratos sociais e de todas as tradições espirituais. Eles estão em toda parte. Mas são principalmente os insatisfeitos com o atual modo de viver, de trabalhar, de sofrer, de alegrar-se e de morrer, em particular, os excluídos, os oprimidos e os marginalizados. São aqueles que, mesmo dando pequenos passos, ensaiam um comportamento alternativo e enunciam pensamentos criadores. São ainda aqueles que ousam organizar-se ao redor de certas buscas, de certos níveis de consciência, de certos valores, de certas práticas e de certos sonhos, de certa veneração do Mistério e juntos começam a criar visões e convicções que irradiam uma nova vitalidade em tudo o que pensam, projetam, fazem e celebram.

Por tais sendas desponta a nova civilização que será de agora em diante não mais regional, mas coletiva e planetária, e, esperamos, mais solidária, mais ecológica, mais integradora e mais espiritual.

5. A civilização da re-ligação

Que nome vamos dar à civilização emergente? Ensaiamos uma resposta: será uma civilização mais sintonizada com a lei fundamental do universo que é a panrelacionalidade, a sinergia e a complementaridade. Será a *civilização da re-ligação* de tudo com tudo e de todos com todos.

Que experiência fontal fará encontrar o elo re-ligador? Sem maiores mediações aventamos a hipótese de que será uma nova experiência do sagrado. O sagrado não é uma coisa. É a qualidade luminosa das coisas. Trata-se de uma irradiação que emana de todo existente, de cada pessoa e do inteiro universo. Tudo pode causar admiração e encantamento. Tudo pode conter uma mensagem a ser decifrada. Tudo pode ser portador de um mistério. Mistério não constitui um enigma que, decifrado, desaparece. Mistério é a profundidade de cada realidade que, conhecida, nos desafia a conhecer mais e que permanece sempre mistério em todo o conhecimento. Mistério não é o limite do conhecimento, mas o ilimitado do conhecimento. Esse conhecimento-mistério não é frio e formal. É carregado de emoção, de significado e de valor. Por isso é um conhecimento cordial. Produz uma experiência interior perpassada de comoção. A percepção do sagrado das coisas é um dado originário e irredutível.

A estrutura do sagrado ou do numinoso, como foi detectada pelos estudiosos antigos e modernos, organiza-se ao redor de duas experiências seminais: a do *fascinosum* (fascinante) e a do *tremendum* (temível). A realidade nos fascina como o Sol, nos atrai poderosamente e nos enche de entusiasmo. E, ao mesmo tempo, suscita em nós o temor, leva-nos à fuga, pois como o Sol pode cegar-nos e queimar--nos. Quando confrontados com a Suprema Realidade, essa experiência irrompe avassaladora, como testemunham pessoas religiosas e místicas de todos os tempos e lugares. Esta experiência evoca um sentimento profundo: de veneração, de encantamento, de respeito e de reverência.

Semelhante sentimento emerge quando contemplamos a Terra a partir do espaço exterior. Parece uma bola de natal, azul-branca, cheia de vitalidade, dependurada no universo. É o nosso planeta, o único que temos. Sentimos reverência e temor por seu encantamento e pelos riscos que corre.

Estas atitudes são fundamentais se quisermos salvaguardar a vida e resgatar a dignidade de nossa grande Mãe, Pacha Mama* e Gaia*, a Terra. Sem o cultivo da experiência do sagrado não conseguimos impor limites à voracidade depredadora do tipo de desenvolvimento dominante, nem salvar ecossistemas e espécies vivas ameaçadas de extinção.

Entretanto, só nos abriremos ao sagrado da Terra, do ser humano, do universo e de tudo o que nele se contém se, antes, criarmos a precondição de sua emergência. E esta se encontra na dimensão da *anima,* do feminino, no homem e na mulher, tão recalcada desde o neolítico e na cultura técnico-científica da modernidade.

O feminino, como veremos mais detalhadamente ao longo deste livro, é a capacidade de captarmos totalidades articuladas, de termos inteireza, de cultivarmos o mundo interior, de desenvolvermos níveis profundos de espiritualidade, de pensarmos por intermédio do corpo, de apreendermos, na nossa intimidade, as ressonâncias do mundo exterior em termos de símbolos e de arquétipos, de darmos espaço à ternura e ao cuidado, de abrir-nos ao sentimento, à gratuidade e à sensibilidade para com o mistério das pessoas, da vida e do inteiro universo.

É o *esprit de finesse*, proposto por Blaise Pascal (1623-1662), que se distingue do *esprit de géometrie*. O espírito de finura representa, nos homens e nas mulheres, a dimensão do feminino, com as características sinalizadas acima. Ela se completa com a dimensão do masculino, nas mulheres e nos homens, que é o espírito de geometria, a capacidade de ordenação, de racionalização, de abertura de caminhos, de superação de dificuldades e de construção de um projeto de vida ou de civilização. Esse, o espírito de geometria, foi inflacionado nos últimos séculos mediante a aventura técnico-científica da humanidade, recalcando o feminino, em detrimento de uma experiência mais global e integradora do ser humano.

Importa, nesta quadra da história, recuperarmos a dimensão do feminino. É ela que nos abre ao sagrado e à veneração tão necessárias para inaugurarmos uma civilização da re-ligação, do reencantamento da natureza e da veneração pelo universo. Será seguramente a experiência do sagrado e do numinoso que funcionará como elo articulador e como a experiência seminal da nova civilização nascente. Cabe enfatizar: esta experiência é antropológica. Está ligada à estrutura básica do ser humano. Re-liga o ser humano continuamente à Fonte originante. Não é monopólio das religiões. Antes, da re-ligação provém a re-ligião.

Função primacial da religião é religar a pessoa ao seu Centro, onde mora a divindade com seu brilho. A partir da recuperação do sagrado, entrevisto em todas as coisas, os seres humanos darão novo alento às religiões históricas e às várias tradições espirituais ou reinventarão outras religiões ou caminhos espirituais.

Esta espiritualidade, fundada na re-ligação, na experiência da *anima* e do sagrado, deixa para trás as religiões de cunho patriarcal. O próprio cristianismo assumiu as características patriarcais, ausentes na experiência de Jesus, que é antes feminina. Ele apresenta o Abba (paizinho) celestial com características de mãe, cheia de misericórdia e reconciliação. Mas foi traduzida (e em parte traída) no quadro da dominação dos homens que se entendem os únicos representantes de Deus e de Cristo (hierocracia, clericalismo, celibatarismo). Esta forma patriarcal de religião introduziu profundos dualismos: entre Deus e mundo, espírito e matéria, vida terrena e vida eterna, religião natural e religião revelada, religião verdadeira e religiões falsas. A nova religião que integra o masculino e o feminino (*animus* e *anima*) enfatiza a ligação entre fé e vida. Identifica a profunda unidade da experiência espiritual, expressa nos muitos caminhos e religiões. Sublinha o panenteísmo pelo qual se afirma: Deus está em todas as coisas e todas as coisas estão em Deus. Há comunhão e não separação entre Deus e criatura. Deus não habita apenas nos céus, mas em todas as partes, especialmente na profundidade do coração humano.

Por causa de todos esses valores, a civilização da re-ligação dará centralidade à religião e à espiritualidade como aquela instância que se propõe re-ligar todas as coisas entre si, com o ser humano e com o Supremo, porque as vê todas re-ligadas umbilicalmente com o seu Criador. Esta civilização emergente será religiosa ou não será. Pouco importa o tipo de religião – ocidental, oriental, antiga, moderna – contanto que seja aquela que veicule e alimente continuamente a experiência radical de re-ligação, expressa em mil caminhos religiosos e espirituais, experiência que consiga re-ligar, efetivamente, todas as coisas e gestar um sentido de totalidade e de integração. Então poderá surgir a civilização da etapa planetária, da sociedade terrenal, a primeira civilização da humanidade como humanidade.

Sentir-nos-emos todos enredados numa mesma consciência coletiva, numa mesma responsabilidade comum, dentro de uma mesma e única Arca de Noé que é a nave espacial azul-branca, a Terra. Nela e com ela nos salvamos ou nos perdemos todos.

6. A emergência de uma civilização planetária

Esta nova civilização não é apenas um desiderato e um sonho ridente. Ela está emergindo.

Vem, antes de mais nada, sob o nome de *mundialização* e de *globalização*. Trata-se de um processo irreversível. Representa indiscutivelmente uma etapa nova na história da Terra e do ser humano. Estamos superando os limites dos estados-nações e rumando para a constituição de uma única sociedade mundial que mais e mais demanda uma direção central para as questões concernentes a todos os humanos como a alimentação, a água, a atmosfera, a saúde, a moradia, a educação, a comunicação e a salvaguarda da Terra.

É verdade que estamos ainda na fase da globalização *competitiva*, oposta à globalização *cooperativa*, que supõe uma outra economia estruturada ao redor da produção do suficiente para todos, seres humanos e demais seres vivos da criação. Mas ela preenche uma condição fundamental: criar as bases materiais para outras formas de mundialização, mais importantes e necessárias.

Efetivamente, quer queiramos ou não, já está se anunciando também uma mundialização sob o signo da *ética*, do senso da compaixão universal, da descoberta da família humana e das pessoas dos mais diferentes povos, como sujeitos de direitos incondicionais, direitos não dependentes do poder econômico e político dos povos ou do dinheiro de seu bolso, nem da cor de sua pele, nem da religião que professam. Estamos todos sob o mesmo arco-íris da solidariedade, do respeito e valorização das diferenças e movidos pela amorização que nos faz a todos irmãos e irmãs.

A mundialização far-se-á também na esfera da *política* que deverá reconstruir as relações de poder, não mais na forma de dominação/exploração sobre as pessoas e a natureza, mas na forma da mutualidade biofílica (= reciprocidade entre os seres vivos) e da colaboração entre todos os povos, base para a convivência coletiva em justiça, em paz e em aliança fraternal/sororal com a natureza. Ela deverá organizar-se ao redor de uma meta comum: garantir o futuro do sistema-Terra e as condições para o ser humano poder continuar a viver e a desenvolver-se, como já vem fazendo há cerca de 10 milhões de anos.

Por fim, haverá, seguramente, uma mundialização da experiência do *Espírito* no cultivo das energias espirituais que pervadem o universo, trabalham a profundidade humana e das culturas e reforçam a sinergia, a solidariedade, o amor à vida a partir dos mais ameaçados e a veneração do Mistério que em tudo penetra e em tudo esplende, mistério cultuado na oração, na contemplação e no caminhar à sua luz.

Estamos diante de um experimento sem precedentes na história da humanidade. Ou criamos nova luz, ou vamos ao encontro das trevas. Ou trilhamos o caminho de Emaús da partilha e da hospitalidade para todos, ou então experimentaremos o caminho do Calvário, a descida solitária ao inferno em cujo portal Dante Alighieri escreveu: "Deixai toda esperança, vós que entrais".

7. A hora e a vez da águia

A construção da nova civilização no Terceiro Milênio passa por um gesto de extrema coragem. A coragem de fazer caminho onde não há caminho. Já e agora. Em momentos cruciais, da prova maior, onde vamos inspirar-nos? De que fundo vamos tirar os materiais para a nova construção?

Devemos imbuir-nos da esperança de que o caos atual prenuncia uma nova ordem, mais rica e promissora de vida para todos. Bem versejava Camões (1524-1580):

"Depois de procelosa tempestade
Soturna noite e cibilante vento
Traz a manhã serena claridade
Esperança de porto e salvamento".

Mas, para que este salvamento ocorra, precisamos ter bem clara a convicção de que este futuro necessário não se fará a partir dos princípios que organizaram o passado. Foram eles que levaram ao impasse atual. Quem ainda persiste em neles crer, labora num profundo equívoco. E desta vez não há tempo para ensaios, equívocos e erros. Pois não haverá possivelmente tempo para correções.

Em contextos assim devemos recorrer às grandes metáforas, cujo sentido emerge cristalino. Voltamos a contar a história de um educador e líder político da pequena República de Gana, na África Ocidental, James Aggrey († 1927). Ela foi objeto de nosso primeiro livro *A águia e a galinha, uma metáfora da condição humana.* Vamos novamente transcrevê-la, dada a sua beleza e sua densidade.

"Era uma vez um camponês que foi à floresta vizinha apanhar um pássaro para mantê-lo cativo em sua casa. Conseguiu pegar um filhote de águia. Colocou-o no galinheiro junto com as galinhas. Comia milho e ração própria para galinhas. Embora a águia fosse o rei/a rainha de todos os pássaros.

Depois de cinco anos, este homem recebeu em sua casa a visita de um naturalista. Enquanto passeavam pelo jardim, disse o naturalista:

— Esse pássaro aí não é galinha. É uma águia.

— De fato – disse o camponês. É águia. Mas eu criei-a como galinha. Ela não é mais uma águia. Transformou-se em galinha como as outras, apesar das asas de quase três metros de envergadura.

— Não – retrucou o naturalista. Ela é e será sempre uma águia. Pois tem um coração de águia. Este coração a fará um dia voar às alturas.

— Não, não – insistiu o camponês. Ela virou galinha e jamais voará como águia.

Então decidiram fazer uma prova. O naturalista tomou a águia, ergueu-a bem alto e desafiando-a disse:

— Já que você de fato é uma águia, já que você pertence ao céu e não à terra, então abra suas asas e voe!

A águia ficou sentada sobre o braço estendido do naturalista. Olhava distraidamente ao redor. Viu as galinhas lá embaixo, ciscando grãos. E pulou para junto delas.

O camponês comentou:

— Eu lhe disse, ela virou uma simples galinha!

— Não – tornou a insistir o naturalista. Ela é uma águia. E uma águia será sempre uma águia. Vamos experimentar novamente amanhã.

No dia seguinte, o naturalista subiu com a águia no telhado da casa. Sussurrou-lhe:

— Águia, já que você é uma águia, abra suas asas e voe!

Mas quando a águia viu lá embaixo as galinhas, ciscando o chão, pulou e foi para junto delas.

O camponês sorriu e voltou à carga:

– Eu lhe havia dito, ela virou galinha!

– Não – respondeu firmemente o naturalista. Ela é águia, possuirá sempre um coração de águia. Vamos experimentar ainda uma última vez. Amanhã a farei voar.

No dia seguinte, o naturalista e o camponês levantaram bem cedo. Pegaram a águia, levaram-na para fora da cidade, longe das casas dos homens, no alto de uma montanha. O sol nascente dourava os picos das montanhas.

O naturalista ergueu a águia para o alto e ordenou-lhe:

– Águia, já que você é uma águia, já que você pertence ao céu e não à terra, abra suas asas e voe!

A águia olhou ao redor. Tremia como se experimentasse nova vida. Mas não voou. Então o naturalista segurou-a firmemente, bem na direção do Sol, para que seus olhos pudessem encher-se da claridade solar e da vastidão do horizonte.

Nesse momento, ela abriu suas potentes asas, grasnou com o típico *kau-kau* das águias e ergueu-se, soberana, sobre si mesma. E começou a voar, a voar para o alto, a voar cada vez para mais alto. Voou... voou.... até confundir-se com o azul do firmamento...

E terminou conclamando:

– Irmãos e irmãs, meus compatriotas! Nós fomos criados à imagem e semelhança de Deus! Mas houve pessoas que nos fizeram pensar como galinhas. E muitos de nós ainda acham que somos efetivamente galinhas. Mas nós somos águias. Por isso, companheiros e companheiras, abramos as asas e voemos. Voemos como as águias. Jamais nos contentemos com os grãos que nos jogarem aos pés para ciscar".

Antecipando uma reflexão que detalharemos ao longo do livro, já podemos dizer: todos nós temos, de um jeito ou de outro, uma dimensão-galinha e uma dimensão-águia dentro de nós.

A dimensão-galinha é o sistema social imperante, o nosso arranjo existencial, a nossa vida cotidiana, os hábitos estabelecidos e o horizonte de nossas preocupações. São também as limitações, os enquadramentos e formações histórico-sociais que, quando absolutizados, se transformam em impasses, em descaminhos, em falta de perspectiva e em desesperança para as pessoas e para as coletividades.

A dimensão-águia são os sonhos, os projetos, os anelos, os ideais e as utopias que, mesmo frustrados, nunca morrem em nós porque sempre de novo ressuscitam. Eles representam a águia em nós, águia que nos ergue continuamente para o alto, para descobrir novos caminhos e direções diferentes. Para recordar-nos o chamado do novo possível.

Ai de quem deixa morrer a águia dentro de si ou permite que ela se transforme numa galinha! Ou indiferentemente aceita que uns poucos se organizem para reduzir todos a simples galinhas. Somos águias! Águias feitas para as alturas!

O momento atual significa a hora e a vez da águia. Não pede uma reflexão específica sobre a galinha. A dimensão-galinha é dominante nos tempos atuais. O que importa é resgatar a dimensão-águia, articulada com a dimensão-galinha. Esta opção pela águia é a condição de nossa sobrevivência e de inauguração promissora da nova civilização e do Terceiro Milênio. Ou então seremos condenados a continuar galinhas ou águias que foram domesticadas e desnaturadas para permanecer junto às galinhas.

— Jovens, mulheres, homens, trabalhadores, intelectuais, artistas, políticos, religiosos de todos os credos, não vos resigneis à situação de galinhas. Acordai a águia que está dentro de vós! Ousai o voo das alturas. Inventai caminhos novos. Tirai da própria fonte, das virtualidades presentes em vós, do vosso imaginário, dos vossos sonhos e das vossas utopias mil razões para lutar, para viver e para criar. Olhai para a história do universo em contínua gênese, por isso em cosmogênese, como ele trabalhou contra o caos e o dia-bólico e contra as grandes dizimações para transformar-se em cosmos e em sim-bólico e chegar até o presente. Olhai para dentro de vós mesmos. Descobri aí dentro a presença da águia e o sim-bólico, vale dizer, as energias originárias que gestaram a ordem do universo e que vos gestam a cada momento. Daí poderá vir o novo horizonte que salva e liberta o futuro para a vida e para a esperança. Desentranhemos e alimentemos todos juntos, molecularmente, já agora os valores da nova civilização e o sonho do Terceiro Milênio.

Bibliografia para aprofundamento

ANTUNES, C. *Uma aldeia em perigo* – Os grandes problemas geográficos do século XX. Petrópolis: Vozes, 1986.

ARRUDA, M. *Globalização e sociedade civil* – Repensando o cooperativismo no contexto da cidadania ativa. Rio de Janeiro: Pacs, 1997.

ASSMANN, H. *Metáforas novas para reencantar a educação.* Piracicaba: Unimep, 1996.

BARRÈRE, M. *Terra, patrimônio comum.* São Paulo: Nobel, 1995.

BENJAMIN, C. *Diálogo sobre ecologia, ciência e política.* Rio de Janeiro: Nova Fronteira, 1993.

BLOOM, H. *O cânone ocidental*. Rio de Janeiro: Objetiva, 1995.

BOFF, L. *Ecologia, mundialização, espiritualidade*. São Paulo: Ática 1996.

_____. *Ecologia*: grito da Terra, grito dos pobres. São Paulo: Ática, 1995.

_____. *Nova era*: a civilização planetária. São Paulo: Ática, 1995.

BOFF, L. & BETTO, Frei. *Mística e Espiritualidade*. Rio de Janeiro: Rocco, 1995.

BOFF, L. & HATHAWAY, M. *O Tao da Libertação*: explorando a ecologia da transformação. Petrópolis: Vozes, 2010.

CAPRA, F. *A teia da vida*. São Paulo: Cultrix, 1997.

CREMA, R. *Introdução à visão holística*. São Paulo: Summus, 1988.

FEATHERSTONE, M. *Cultura global*. Petrópolis: Vozes, 1994.

FERGUSON, M. *A conspiração aquariana*. Rio de Janeiro: Record, 1995.

FERRY, L. *A nova ordem ecológica* – A árvore, o animal, o homem. São Paulo: Ensaio, 1994.

FREIRE-MAYA, N. *A ciência por dentro*. Petrópolis: Vozes, 1991.

GUITTON, J. *Deus e a ciência*. Rio de Janeiro: Nova Fronteira, 1992.

HEISENBERG, W. *A parte e o todo*. Rio de Janeiro: Contraponto, 1996.

IANNI, O. *A era do globalismo*. Rio de Janeiro: Civilização Brasileira, 1996.

JOHNSON, G. *Fogo na mente* – Ciência, fé e a busca da ordem. Rio de Janeiro: Campus, 1997.

LADRIÈRE, J. *Os desafios da racionalidade*. Petrópolis: Vozes, 1990.

LATOUCHE, S. *A ocidentalização do mundo* – Ensaio sobre a significação, o alcance e os limites da uniformização planetária. Petrópolis: Vozes, 1994.

LEMKOW, A.F. *O princípio de totalidade* – A dinâmica da unidade na religião, ciência e sociedade. São Paulo: Aquariana, 1992.

LOVELOCK, J. *As eras de Gaia* – A biografia da nossa Terra viva. São Paulo: Campus, 1991.

MATELLART, A. *Comunicação-mundo*. Petrópolis: Vozes, 1994.

MAY, P.H. & MOTTA, R.S. da. *Valorando a natureza* – Análise econômica para o desenvolvimento sustentável. São Paulo: Campus, 1994.

McKIBBEN, B. *O fim da natureza*. Rio de Janeiro: Nova Fronteira, 1990.

MESLIN, M. *A experiência humana do divino*. Petrópolis: Vozes, 1992.

MÜLLER, R. *O nascimento de uma civilização global*. São Paulo: Aquariana, 1993.

SAGAN, C. *O mundo assombrado pelos demônios* – A ciência vista como uma vela no escuro. São Paulo: Companhia das Letras, 1997.

SCHWARZ, W. & D. *Ecologia*: alternativa de futuro. São Paulo: Paz e Terra, 1990.

SERRES, M. *O contrato natural*. Rio de Janeiro: Nova Fronteira, 1991.

SKLAIR, L. *Sociologia do sistema global*. Petrópolis: Vozes, 1995.

UNGER, N.M. *Fundamentos filosóficos do pensamento ecológico*. São Paulo: Loyola, 1993.

VIEIRA, L. *Cidadania e globalização*. Rio de Janeiro: Record, 1997.

VOS, H. & VERVIER, J. *Utopia cristã e lógica econômica*. Petrópolis: Vozes, 1997.

2
A águia e a galinha, o sim-bólico e o dia-bólico na constituição do universo

O capítulo anterior nos deixou uma poderosa convocação no sentido de avivarmos a águia que está em nós, a despeito da importância da galinha; do sim-bólico, apesar de todo o peso do dia-bólico. É a urgência de nosso tempo, precondição de nossa sobrevivência como espécie e como planeta.

Antes de colhermos todas as lições da águia/galinha, do sim-bólico/dia-bólico para a história e para a vida humana, queremos considerar alguns desdobramentos no entorno maior que é o cosmos. Nele identificamos o funcionamento da estrutura galinha/águia, do dia-bólico/sim-bólico. Pelo fato de estar em primeiramente nele é que estas estruturas podem emergir também em nós e na história.

1. As várias imagens do universo

A imagem que a astronomia e a astrofísica nos transmitem acerca do cosmos difere profundamente daquilo que comumente nossos antepassados nos ensinaram. Eles trabalharam à base de grandes símbolos e belos mitos. Sua ciência empírica, porém, era extremamente rudimentar. Nem por isso deixaram de suscitar em nós encantamento, sentido de veneração e de propósito face à majestade do universo.

Para os gregos, o universo era um *cosmos*. Quer dizer, um sistema bem ordenado e autossustentado. Ele se encontra em permanente luta contra o caos.

Para os medievais, o universo é *criação* boa de Deus. Ele está sempre sob a Providência divina que ordena tudo para o seu fim bem-aventurado.

A figura que representa esta concepção antiga e medieval é a *pirâmide*. Todos os seres são como que uma escada que termina dentro de Deus. Uma imensa pirâmide em cuja ponta brilha o Ser supremo ou o Deus criador.

Para os modernos, o universo é fundamentalmente *natureza*, a mecânica celeste e terrestre em perfeito funcionamento, pois obedece a um desígnio traçado pelo Criador. As leis naturais, segundo essa concepção, são imutáveis e perenes. A metáfora que ilustra esta cosmologia é a do *relógio*. Ele tem um mecanismo imperturbável e exatíssimo.

Para nós contemporâneos, da era científico-técnica, o universo é *evolução*. Ele constitui uma realidade aberta, sob o processo cosmogênico. Quer dizer, o processo não está ainda pronto, mas em fase de gênese e de expansão. Nada está determinado mecanicamente. As leis possuem um caráter probabilístico e aproximativo. Tudo está sob o regime de indeterminação e de probabilidade. As relações vão constituindo determinações concretas. Em razão disso falamos de *história*. Não somente os humanos têm história, mas todos, também os demais seres, pois todos estão dentro do processo evolutivo que vem da mais alta ancestralidade. Todos estamos enredados num jogo de *inter-retro-relacionamentos*, em cadeia, pelo qual vamos construindo, com o desenrolar do tempo, nosso ser. Neste jogo tudo tem a ver com tudo, em todos os pontos, em todos os tempos e em todas as circunstâncias. Existir e viver é inter-existir e con-viver. Numa palavra, é relacionar-se. Relacionar-se é poder criar laços e adaptar-se. Fora desta lógica ninguém sobrevive. Nem o *topquark* mais originário.

A figura que representa esta cosmovisão é a *arena* ou o *jogo*. Na arena todos os presentes são incluídos e feitos participantes. No jogo todos estão envolvidos, os que jogam e os que assistem, torcendo para os respectivos lados.

Todas as imagens do universo – pirâmide, relógio e jogo – preocupavam-se e ainda se preocupam com a pergunta fundamental: De onde vem, para onde vai e que sentido possui o universo? Qual é o lugar do ser humano nesta imensidade cósmica? Para que estamos neste pequeno planeta Terra? Qual a nossa missão especialmente nesta quadra histórica em que estamos, da consciência planetária e da planetização, sob o princípio da autodestruição/corresponsabilidade?

Todas estas questões são profundamente existenciais e emocionais por mais que se embasem em dados científicos acerca da natureza das energias e da matéria que compõem todos os seres. Elas nos envolvem totalmente. Somos parte deste incomensurável processo que se desdobra sobre nossas cabeças e por todos os lados.

Pertence à imagem do universo fornecer-nos uma resposta que atenda à nossa busca de um sentido clarificador, globalizante e afetivo. A essa imagem costumamos chamar de *cosmologia**. Definimos por cosmologia a representação do mundo que nos formamos a partir de uma infinidade de dados, muitos experimental-científicos, outros culturais, outros mitológicos, outros simbólicos, outros estéticos e afetivos, outros místico-religiosos. Esse conjunto articulado de saberes e visões nos subministra a cartografia dos caminhos do universo, o mapa do nosso planeta Terra, da humanidade e de nossa aventura pessoal. A cosmologia nos propicia o sentido de orientação, indispensável à vida.

2. Como é a cosmologia contemporânea

Qual é a nossa cosmologia hoje? Queremos dar um breve conspecto de sua versão atual, com tudo aquilo de hipotético, de conjetural e de científico que ela comporta. Como veremos, ela combina caos e cosmos, dia-bólico e sim-bólico, dimensão-águia e dimensão-galinha, como forças estruturantes de sua constituição.

Estimamos ser a maior descoberta de todos os tempos a identificação da data de nascimento de nosso universo. A descoberta do berço do universo só foi possível a partir do momento em que se constatou inequivocamente que ele está em movimento de expansão. Coube ao astrônomo norte-americano Edwin Powel Hubble (1889-1953) o mérito desta comprovação. Em 1924 demonstrou que a nossa galáxia – a via láctea – não é a única existente. Há pelo menos 100 milhões de outras.

Analisando a radiação das galáxias mais distantes, Hubble observou um claro deslocamento do espectro da luz para o vermelho. Isso constitui para qualquer astrônomo um sinal inequívoco de que estas galáxias estão se afastando de nós. A relação entre a frequência das ondas de luz e a velocidade das estrelas (o efeito Doppler*) nos diz se uma estrela se afasta ou se aproxima de nós. Se a luz no espectro tende para o azul, aproxima-se de nós. Se tende para o vermelho afasta-se de nós.

Em 1929, Hubble publicou o resultado de suas minuciosas observações: as galáxias todas estão se afastando de nós. Quanto mais distantes elas se encontram, maior é sua velocidade de fuga. Mais ainda, independentemente da localização do observador, todos os corpos celestes estão se afastando uns dos outros; quanto maior for a distância, maior é sua velocidade. Isso significa que cada ponto no universo é o centro do cosmos.

O universo está, portanto, se expandindo em todas as direções. Ele não é estacionário como os antigos e mesmo Albert Einstein (1879-1955), no início, imaginavam. Ele é dinâmico. Seu estado natural é a evolução e não a estabilidade, a transformação e a adaptabilidade, e não a imutabilidade e a permanência.

O fato da expansão sugere que ela tenha começado a partir de um ponto extremamente denso de matéria e de energia. George Lemaître, astrônomo belga (1894-1966), para explicar a expansão, propôs a teoria do *big-bang*, da grande explosão primordial. Ela foi vulgarizada depois pelo astrônomo russo, naturalizado norte-americano, George Gamow (1904-1968). Outros preferem terminologias que não evoquem o imaginário masculino, marcado pelo uso do poder e da violência, como a metáfora do *big-bang*, a grande explosão inicial. Mas que sejam mais suaves e elegantes como o ovo cósmico originário, ou o núcleo superabundante ou o desabrochar primordial. Nós utilizaremos indiferentemente as várias metáforas.

Criou-se então a seguinte imagem cosmológica: no tempo zero havia um pequeníssimo núcleo, trilhões e trilhões de vezes menor que a cabeça de um alfinete. Chamemo-lo femininamente de ovo cósmico. O calor extremo com que vinha dotado significa uma densificação de energia e de matéria inimaginável. Não havia espaço nem tempo, nem a diferenciação das energias primordiais: a gravitacional, a eletromagnética, a força nuclear fraca e forte. Nem eram discerníveis as partículas elementares, ancestrais daquelas que hoje constituem os tijolinhos básicos da composição de todos os seres (os seis tipos de quarks, os prótons, os nêutrons, os elétrons, os fótons, os neutrinos e outras 100 espécies de subpartículas). Tudo formava um caldo primordial, onde tudo se encontrava densissimamente condensado.

Pura fantasia? Nem tanto. Hoje em dia são possíveis simulações que se aproximam das condições iniciais do universo. A partir de 1970 grandes aceleradores de partículas conseguiram simular tais condições de calor, anteriores ao rompimento primordial do ovo cósmico. Notáveis cientistas como Steven Weinberg (confira seu livro *Os três primeiros minutos*) e Stephen Hawking (em sua famosa obra *Uma breve história do tempo*) com sofisticadíssimos cálculos matemáticos tentaram descrever o que teria ocorrido nas primeiríssimas frações de segundos após a explosão.

Primeiramente, supõe-se, houve uma inflação do núcleo básico (cf. o livro de Alan H. Guth, *O universo inflacionário*, 1997). O pequeníssimo ponto inicial se inflacionou ao tamanho de um átomo. Foi crescendo até atingir as dimensões de uma maçã. Em seguida ocorreu o grande pum ou o flamejante desabrochar. A expansão começou. A partícula imaginária X, no campo de pura energia, cristaliza-se em matéria complexa que se expressa pelas partículas elementares. O que era inicialmente caos, oceano de probabilidades e indeterminação total, dá lugar a simetrias e a estruturas de relações entre energias e partículas.

Após cinco minutos da explosão/inflação primordial, o calor já caiu em bilhões de graus. O resfriamento permitiu que 25% do material atômico original entrasse na composição do núcleo do hélio e os restantes 75% se transformassem, na forma de prótons, em hidrogênio. Hélio e hidrogênio são os elementos mais simples e mais abundantes do universo. Isso vem a corroborar a hipótese do ovo cósmico originário que se rompeu ou da grande explosão, o *big-bang*.

A explosão, embora inimaginavelmente flamejante, se deu dentro de uma calibragem refinadíssima. Se a força de expansão fosse fraca demais, o universo colapsaria sobre si mesmo. Se fosse forte demais, a matéria cósmica não conseguiria adensar-se, formar as gigantescas estrelas vermelhas, as galáxias, as estrelas, os sistemas planetários e os seres singulares. Nem estaríamos aqui para falar disso tudo. Acresce ainda que entre 90-99% da matéria é matéria escura*, invisível.

Em 1965, e com mais comprovações em 1992, surgiram dados que secundaram a teoria do grande pum. Constatou-se que de todas as partes do universo vem uma radiação mínima, três graus acima do zero absoluto (-273 graus centígrados). Ela é o eco derradeiro da explosão inicial. Analisando o espectro da luz das estrelas mais distantes, a comunidade científica chegou à seguinte conclusão: a grande explosão teria ocorrido há 15 bilhões de anos atrás.

Essa é a nossa idade: 15 bilhões de anos. Um dia, todos, as galáxias, as grandes estrelas vermelhas, os milhões de sóis e planetas, cada elemento da natureza, as rochas, as árvores, os animais, os seres humanos, homens e mulheres estávamos lá juntos, no mar das probabilidades, na forma virtual de energia e de matéria. Há um parentesco inegável entre todos nós, pois somos feitos das mesmas energias originárias e dos mesmos materiais básicos.

Este dado, os 15 bilhões de anos de nosso universo e de nossa própria idade, produziu uma verdadeira revolução nas consciências humanas. De repente nos apercebemos como parte de um todo que nos desborda por todos os lados e que tem bilhões de anos. Essa é a nossa própria idade. Surge então irreprimivelmente a pergunta: Que sentido tem esta longa caminhada do universo até nós? Que significamos nós no conjunto dos seres e dos processos? Existem outras vidas inteligentes, nossos companheiros na criação, ou estaremos sós, neste incomensurável universo?

A ciência contemporânea balizou as principais estações da constituição do universo a partir do grande pum. Ele já percorreu uma longa caminhada. Inicialmente se formaram as imensas nuvens de gás de hidrogênio. Durante dois a três bilhões de anos foram lentamente resfriando. Com o resfriamento foram se adensando. Surgiram então as gigantescas estrelas vermelhas. O adensamento delas provocou, em seu interior, reações nucleares fantásticas. Elas produziram elementos atômicos mais pesados, necessários para a constituição da forma atual do universo, como o nitrogênio, o carbono, o cálcio, o silício, o enxofre etc. Produz-se um equilíbrio entre a tendência à coesão devido à presença da gravidade e a tendência à irradiação devido às reações termonucleares. Ao consumir-se todo o hidrogênio, produz-se uma formidável explosão. Elas viraram estrelas pulsantes e depois supernovas. Voaram, pelo espaço interestelar, como num incomensurável espirro, os elementos pesados que estavam dentro delas. Desses elementos originaram-se as galáxias e as estrelas de segunda geração, como o nosso Sol e seus satélites que são os planetas como a Terra. Todos os seres, nós também, somos constituídos por esses elementos formados no interior das grandes estrelas vermelhas. É por isso que irradiamos ainda hoje. E não nascemos para irradiar?

O Sol é uma estrela média, suburbana. Uma entre 400 bilhões de outras que compõem a nossa galáxia, a via láctea. Esta é tão vasta que a luz, percorrendo 300 mil quilômetros por segundo, precisa de 100 mil anos para atravessá-la.

Nosso Sol está num cantinho da via láctea, a 27 mil anos-luz de seu centro, perto do braço interior da espiral de Órion.

Ele formou-se há 4,6 bilhões de anos, a partir de uma nuvem de gás e de matéria interestelar. Essa foi se condensando, sob o influxo de forças gravitacionais, e criando um núcleo que funciona como uma espécie de bomba termonuclear de hidrogênio com a qual ilumina e alimenta os planetas ao seu redor. Estes se formaram num processo semelhante ao solar: os gases e materiais originários foram se condensando; a própria força gravitacional interna os modulou na forma esférica que possuem hoje.

O Sol viaja em forma circular ao redor da nossa galáxia a uma velocidade de 210 quilômetros por segundo. Ele precisa de 250 milhões de anos para completar a órbita ao redor dela. Deverá ter feito quase 20 vezes esta rotação. Por isso sua idade é de cerca de 4,6 bilhões de anos. Viverá ainda por outros 5 bilhões de anos até transformar-se numa estrela vermelha gigante; consumirá o hélio por outros 5 bilhões de anos, até transformar-se numa anã branca que iluminará palidamente o planeta Terra já sem vida e congelado. Por fim, depois de mais 3 bilhões de anos, virará um buraco negro na imensidão escura do universo. A Terra tem 4,45 bilhões de anos e seu destino acompanhará aquele do Sol.

3. O planeta Terra e a emergência da vida

O planeta Terra é, entre todos os corpos celestes conhecidos, singularíssimo. Sua posição face ao Sol, o equilíbrio das forças gravitacionais e eletromagnéticas e a grande abundância de água em estado líquido levaram a uma pletora de espécies de moléculas. Decisivo foi o momento em que ocorreu a diversificação das moléculas de carbono em cadeia, chamadas também de moléculas orgânicas. Já os átomos de carbono, unidos a outros tipos de átomos, mostram capacidade de formar ilimitado número de cadeias. No nível molecular se conserva a mesma disponibilidade quase ilimitada de formação de cadeias. Tal fato torna possível a existência de seres vivos, pois estes pressupõem diversidade de reações moleculares.

A Terra começou a encher-se, no ar e nos mares, de tais cadeias de moléculas orgânicas. Elas começaram a elaborar reações entre si cada vez mais complexas. Essas redes criaram verdadeiras famílias de moléculas que, através das reações, produziram os mesmos tipos de moléculas que as integram. Sempre que se verifica este tipo de organização, sem a qual algo não existe, então se dão as condições para a emergência de um ser vivo. Trata-se de uma criação, uma autopoiese*, uma auto-organização molecular da matéria. A vida surge como consequência da complexificação crescente. Quando aparecem unidades auto-organizadas (autopoiéticas*), surge a vida. E surge de modo inevitável como resultado de um longo processo evolucionário. Ela surge em muitos lugares e em vários tempos, quem sabe em muitos milhões de anos, mas sempre quando se oferecem condições para unidades auto-organizativas (autopoiéticas).

Como o mostraram notáveis cientistas, as condições favoráveis à vida não são anteriores ao aparecimento da vida. A própria vida na Terra foi criando condições boas para si, no subsolo, no solo e no ar. Foi resistindo aos empecilhos, foi se adaptando às mudanças e foi criando, com habilidade e muito custo, a esfera que lhe fosse adequada, isto é, a biosfera. O esforço de adaptação foi tão inteligente e sutil que até o oxigênio em estado puro, que era, inicialmente, nocivo à vida, foi feito seu principal alimento. Mediante a respiração, o oxigênio contido na atmosfera é transmutado em carbono (CO_2) que a fotossíntese absorve dando origem à biomassa e novamente ao oxigênio.

Tal fato fez suscitar a hipótese Gaia (divindade grega para designar a Terra), teoria que afirma ser o planeta Terra um imenso superorganismo vivo. Nela os elementos todos – a composição físico-química dos solos e dos ares, as rochas, as águas, os oceanos, a atmosfera, os micro-organismos, as plantas, os animais, os seres humanos – jamais estão simplesmente justapostos uns aos outros. Eles interexistem e coexistem. São de tal maneira interdependentes e imbricados entre si que fundam um equilíbrio somente encontrável em seres vivos, como um bosque ou um pântano. Assim constatou-se que as percentagens de 21% de oxigênio, de 79% de nitrogênio na atmosfera e de 3,4% da salinização dos oceanos perduram inalterados já há milhões e milhões de anos, embora a luminosidade do Sol tenha aumentado em 30%.

Vista de fora, a partir das naves espaciais que foram à Lua, como a Apollo 11 e 17, a Terra aparece como um irradiante globo azul e branco, ícone da cultura planetária e de uma nova sacralidade. A partir da nave espacial Voyager que voa já além do nosso sistema solar (por um bilhão de anos circunavegará ao redor do centro da via láctea), ela aparece como um pálido ponto azul, perdido no fundo negro do universo.

No dia 18 de março de 1965, o soviético Alexei Leonov fez seu primeiro passeio espacial saindo da Voshkod 2. Foi o primeiro a ver a Terra de fora da Terra. Depois dele muitos outros astronautas repetiram a façanha. Transmitiram-nos o imenso impacto que esta experiência significou.

De lá de cima, dizem eles, a Terra é tão pequenina que cabe na palma de nossa mão. Esconde-se atrás de nosso polegar. De lá se apagam todas as diferenças. Não há negros nem brancos, nem ricos e pobres, nem excluídos e incluídos, nem capitalistas e socialistas. Terra e humanidade formam uma única entidade. O ser humano é a própria Terra que sente, que pensa, que ama e que venera. Os nacionalismos se esvaziam. Já não existem limites entre as nações e discriminações entre as raças. Todos somos Terra, nosso único planeta azul-branco, dependurado na vasta escuridão do espaço. Planeta amado, ameaçado e objeto de nossa preocupação por causa de seu futuro incerto. Somos responsáveis por este pedacinho do universo que nos coube habitar. Depende em grande parte de nós limitar e até suprimir a ação corrosiva do buraco na camada de ozônio, impedir o aquecimento do efeito estufa e impossibilitar o inverno nuclear. Caso contrário, nosso planeta poderá perder perigosamente seu equilíbrio e ser terrivelmente devastado.

Como escreveu o principal responsável pelo sucesso da viagem da nave espacial Apollo 11 à Lua, Carl Sagan († 1996), as imagens da Terra vista lá de fora "ajudaram a despertar nossa adormecida consciência planetária; elas forneceram uma prova incontestável de que todos partilhamos o mesmo planeta vulnerável. Elas nos lembraram aquilo que é importante e aquilo que não é".

O ser humano pode transformar-se no anjo exterminador da Terra. Se não mudarmos nossas atitudes para com a Terra, protegendo-a ao invés de depredá-la; se continuarmos a acumular mais poder-dominação que sabedoria; se persistirmos em fomentar mais egoísmo que cooperação;

se alimentarmos arrogância em vez de humildade e veneração pelo mistério do universo, seguramente conheceremos o caminho dos dinossauros. Provavelmente devastaremos o planeta e nos autodestruiremos como espécie.

Mas o ser humano é chamado a ser o anjo da guarda da Terra, a conviver com as demais espécies e a completar a obra de Deus deixada intencionalmente incompleta. Fomos criados criadores e concriadores.

Tudo no universo está em processo de gênese. Também a vida. Historiemos, sucintamente, as principais estações. Do mar de lava em fusão, consolidaram-se as rochas, por volta de 4 bilhões e 600 milhões de anos atrás (litosfera). Em seguida veio o ciclo da atmosfera, fruto dos gases que escaparam do interior da Terra mediante os vulcões que eram em seu tempo muito ativos (hoje são cerca de 600). Depois veio o ciclo da água (hidrosfera), também proveniente do interior da Terra e do intenso bombardeio de meteoritos de gelo que ajudaram a formar os oceanos e as bacias fluviais.

Por fim, emergiu, como referimos acima, a diversificação das moléculas orgânicas. À análise da luz que vem do universo (espectroscopia) constatou-se que os espaços cósmicos estão atravessados por uma nuvem finíssima de partículas microscópicas, a poeira interestelar. Ela contém moléculas virtualmente biogênicas. Quer dizer, combinações extremamente reativas de carbono, hidrogênio, nitrogênio, oxigênio, enxofre e silício. Esses são os tijolinhos básicos dos organismos vivos. Tais elementos se encontram em profusão nos meteoritos e nos cometas que se compõem fundamentalmente de gelo e de poeira cósmica. Sob a ação de descargas elétricas e outras radiações, estes átomos foram continuamente rearrumados para produzir aminoácidos, base na construção da vida. Lentamente se criou uma película rica em carbono que envolvia todo o planeta, exposta aos impactos de corpos celestes cadentes, aos choques sísmicos, às exalações de gases das erupções vulcânicas, às variações dos climas, dos raios solares comuns e ultravioletas. Todos esses elementos se acumularam nos mares e oceanos. Formou-se um caldo rico e quente.

Foi então que há cerca de 3,8 bilhões de anos, nos oceanos, sob a combinação de 20 aminoácidos, irrompeu a primeira célula viva. É o ciclo da biosfera. A vida que vinha sendo gestada no universo, agora num canto da via láctea, num Sol periférico, num planeta de tamanho desprezível, num oceano qualquer, emerge a maior expressão do processo cosmogênico: a vida.

Grandes cientistas vindos da biologia e do estudo dos sistemas em organismos vivos detalharam o caminho que permitiu o surgimento da vida. Nesta área dois chilenos deram as contribuições mais fecundas, Humberto Maturana e Francisco Varela. Eles demonstraram que a vida resulta da articulação sutil de três dados básicos: o padrão de organização, a estrutura do sistema vivo e o processo em aberto que agiliza continuamente padrão e estrutura. Expliquemos um pouco estes conceitos-chave.

Cada ser vivo, desde a molécula até sociedades avançadas, apresentam um padrão de auto-organização. É a maneira como as partes se relacionam entre si de tal forma que possamos distinguir uma abelha de um cavalo, um cavalo de um ser humano e um ser humano de uma sociedade concreta como a brasileira. O singular dos seres vivos reside no fato de eles se autoproduzirem e continuamente se autocriarem em rede (autopoiese, na linguagem de Maturana e de Varela). Cada componente ajuda na criação, manutenção e regeneração do outro e todos do conjunto. Este forma um sistema integrado e dinâmico.

Não basta o padrão de organização. Temos que considerar os materiais físicos, químicos, o meio ambiente, o tipo de combinação e de relação que se realiza para que surja o organismo vivo concreto. É a estrutura. Através dela cada ser vivo ganha uma forma própria. Assim o padrão cavalo aparece na forma de cavalo pantaneiro, cavalo árabe, cavalo manga-larga, cavalo comum. Todos são cavalo, mas do seu jeito, com sua estrutura singular.

Tanto o padrão de auto-organização como a estrutura estão sempre em movimento, adaptando-se face ao meio ambiente, superando crises, ganhando estabilidade. É o processo vital, aberto, inacabado e sujeito à evolução.

A vida, pois, resulta de um processo de auto-organização complexíssima da matéria e da energia do universo que forma a teia da vida, que vem da mais alta ancestralidade. Foi adquirindo complexidade e emergência ao longo de todo o processo da evolução, até ganhar uma forma singular, consciente, inteligente e amorosa no ser humano.

Essa teia da vida, descrita com minúcias por cientistas contemporâneos como os chilenos já citados e outros como Fritjof Capra (seu livro leva esse título: *A teia da vida*), foi intuída pelos povos originários do Oriente e do Ocidente. Famosa ficou a afirmação do chefe pele-vermelha Seattle, em 1856, em carta ao governador do território de Washington: "De uma coisa sabemos: a Terra não pertence ao homem. É o homem que pertence à Terra. Disto temos certeza. Todas as coisas estão interligadas como o sangue que une uma família. Tudo está relacionado entre si. O que fere a Terra fere também os filhos e filhas da Terra. Não foi o homem que teceu a teia da vida: ele é meramente um fio dela. Tudo o que fizer à teia, a si mesmo fará".

Milagre? Acaso? Necessidade da lógica interna do processo cosmogênico? As opiniões se dividem. O grande biólogo Christian de Duve, Prêmio Nobel de Biologia de 1974, sustenta esta tese à qual aderimos: "os compostos de carbono que constituem 20% da poeira interestelar impregnam todo o universo; nesta nuvem orgânica, a vida não pode deixar de surgir, sob uma forma molecular não muito diferente da que tem na Terra [...]. A vida é parte integrante do universo; é sua parte mais complexa e significativa".

Essa vida teria irrompido somente na Terra? Duve responde: "Há tantos planetas vivos no universo quanto há planetas capazes de gerar e sustentar a vida. Uma estimativa conservadora eleva o número à casa dos milhões. Trilhões de biosferas costeiam o espaço em trilhões de planetas, canalizando matéria e energia em fluxos criativos de evolução. Para qualquer direção do espaço que olhemos, há vida [...]. O universo não é o cosmo inerte dos físicos, com uma pitada a mais de vida por precaução. O universo *é* vida com a necessária estrutura à sua volta; consiste principalmente em trilhões de biosferas geradas e sustentadas pelo restante do universo".

Em 1952, na Universidade de Chicago, cientistas simularam as condições presumíveis da Terra 3,8 bilhões de anos atrás. Fizeram passar uma descarga elétrica numa mistura complexa de muitos elementos, dos quais o hidrogênio, o metano, o oxigênio eram os principais, junto com água fervendo. Depois de uma semana formou-se um líquido marrom. Nele, surpreendentemente, detectaram-se componentes orgânicos e aminoácidos, básicos para a formação da vida. Com toda a certeza, a cadeia ADN que está em todos os seres vivos é muito mais complexa que esta experimentação. Mas ela nos fornece, pelo menos, os indícios da auto-organização da matéria que é o segredo da emergência da vida.

Em rochas antiquíssimas foram achados vestígios de vida, de uma bactéria e de uma alga azul-verde. Sua datação remonta a 3,5 bilhões de anos atrás. Estudos da química das rochas mostraram também que por esta época há sinais claros de oxigênio, resultado da fotossíntese desta alga e de outras formas primitivas de vida. Na medida em que se desenvolveram outros seres orgânicos, aumentou também o processo de fotossíntese. Com o oxigênio liberado por ela, formou-se lentamente a biosfera que garante a perpetuidade da vida até os dias atuais.

4. A emergência da vida humana

Ao largo do processo biogênico irrompeu uma imensa biodiversidade: os invertebrados no pré-cambriano (600-700 milhões de anos atrás); os vertebrados e as aves no paleozoico (há 570-230 milhões de anos), os répteis no mesozoico (há 230-65 milhões de anos) e os mamíferos no cenozoico (há 65 milhões de anos). No início deste período apareceram os primatas, avós ancestrais dos humanos.

Restos arqueológicos datados de 10 milhões de anos na África revelam a existência de seres a caminho da humanização ou já primitivamente humanos: os antropoides. Seu principal representante é o *australopithecinus*. Fósseis destes antropoides, com algumas características humanas, foram detectados também na África por volta de 4 milhões de anos atrás: é o *australopithecus* que se desenvolveu por dois milhões de anos. O *homo erectus*, aparentado ao ser humano atual, emergiu entre 2 milhões e 259 mil anos atrás. Da África emigrou para a Ásia e para a Europa. Há 200 mil anos surgiu o *homo sapiens* que já maneja a linguagem e artefatos construídos. Ritualiza a morte na percepção de que a vida vai para além da vida.

Entre 30-40 mil anos atrás emergiu, simultaneamente em vários lugares, o *homo sapiens sapiens,* apresentando um cérebro avantajado, um rosto pequeno com dentes bem alinhados e uma grande *performance* linguística. Nós somos descendentes diretos dele. Ele é um ser falante, já tem clara consciência, organiza-se em tribos, elabora culturas comunais e sofistica os sentidos da vida e da morte. Deixaremos para mais adiante as considerações acerca da emergência da consciência reflexa e da espiritualidade no ser humano.

De todas as formas podemos antecipar nossa visão, bem expressa por Duve: "O pensamento consciente faz parte do quadro cosmológico. Não na qualidade de um epifenômeno anômalo peculiar à nossa própria biosfera, mas na de uma manifestação fundamental da matéria. O pensamento é gerado e sustentado pela vida, que é em si gerada e sustentada pelo restante do universo". Ideias semelhantes encontram-se nos dois grandes biólogos latino-americanos, Humberto Maturana e Francisco Varela.

Como quer que seja, este tipo de ser humano – *sapiens sapiens* – desenvolveu-se rapidamente, expandiu-se em todos os quadrantes da Terra, aprendeu a adaptar-se a todos os ecossistemas, construiu grandes civilizações até a atual civilização tecnológica atual.

Depois de expandir-se por toda a Terra, entrou agora na fase de convergência e de globalização da aventura humana. Acumulou incomensuráveis habilidades e muito conhecimento com o qual transformou a Terra. Ao mesmo tempo desenvolveu um imenso poder destrutivo, quase sempre sem prestar atenção para as consequências funestas para seus semelhantes e para o inteiro planeta.

Ele revelou-se não apenas *homo sapiens sapiens* (sapiente), mas também *demens demens* (demente). Sua falta de sabedoria pode levá-lo atualmente à autodestruição. Mas se criar juízo e aprender a ser sábio, esse imenso poder acumulado pode criar as condições para um salto qualitativo na direção de uma nova fase da antropogênese, aquela da noosfera. Vale dizer, da unificação na diversidade das mentes e corações sintonizados com a harmonia universal, numa única sociedade mundial, num único planeta e num único destino comum. Nessa esperança é que apostamos. É ela que funda a razão de nossas reflexões.

Concluindo este tópico podemos dizer: Tudo no cosmos evolui como um todo. Como numa sequência, complexa e não linear, todos os seres, desde as energias primordiais, a matéria originária, as estrelas e nosso planeta Terra com seus ecossistemas e os seres vivos foram lentamente emergindo. Uns ligados aos outros, formam uma imensa teia de relações. É reducionista e tributária ainda ao paradigma científico atomizado (vê as espécies e sua evolução, mas não vê o todo e o ecossistema evoluindo conjuntamente) a visão darwiniana, clássica e neodarwiniana segundo a qual a lei orientadora do universo e dos organismos vivos é a luta pela vida (*struggle for life*) e a sobrevivência do mais forte (*survival of the fittest*). Se assim fosse os gigantescos dinossauros estariam ainda entre nós. Não é a competição que tem a centralidade no universo, por mais importância que tenha, mas a cooperação. Não a afirmação do mais forte, mas a capacidade de ser simbiótico, quer dizer, a capacidade de relacionar-se em todas as direções no jogo das interdependências.

A evolução não acontece para satisfazer às demandas de sobrevivência do mais forte. O processo é dinâmico, intrinsecamente criativo, participatório e inclusivo de todos. O propósito da vida não reside na sobrevivência pura e simples, mas na realização das probabilidades e potencialidades presentes no universo; na celebração de emergências novas e na festa da majestade e da beleza do cosmos e dos diferentes seres que nele existem.

5. A dança cósmica da águia e da galinha, do sim-bólico e do dia-bólico

Até agora vimos o universo por fora, sua história sumária desde o rompimento do ovo cósmico originário até o ser humano contemporâneo. Mas o universo pode ser visto por dentro. Como funciona seu motor escondido? Como interagem aquelas energias que lhe dão dinamismo, organização e beleza? É aqui que transparece a estrutura galinha/águia, dia-bólico/sim-bólico com provocante nitidez.

A nova física, seja a quântica (Bohr, Planck, Heisenberg) seja a relativística (Einstein, Pauli, Bohm, Hawking), fez o seguinte percurso de afunilamento: dos seres físicos sensíveis passou aos átomos invisíveis, dos átomos às partículas subatômicas, das partículas subatômicas aos campos energéticos, dos campos energéticos à energia primordial, da energia primordial ao vácuo quântico, do vácuo quântico a uma grande interrogação sobre o caráter insondável de todas as coisas e do cosmos.

Constatou-se que a rigor não existe matéria. Toda matéria pode ser reduzida à energia. O que existe é um oceano de energia, de probabilidades (que significa possibilidade de conexões), de criatividade e de contínuas emergências. Matéria é energia organizada e estabilizada. E a energia sempre se dá em feixes, chamados *quantum* (= pacotes de ondas energéticas).

Vácuo quântico é aquele incomensurável repositório de onde vêm e para onde retornam todas as probabilidades, as energias, partículas e virtualidades. Ele mesmo remete a algo mais fundamental e misterioso para o qual não há conceito: a Fonte originante de tudo, o Mistério inefável do qual jorra toda compreensão possível.

Tudo o que emerge do vácuo quântico vem ora em forma de onda energética, ora em forma de partícula material. Onda e partícula não são realidades discretas; são dimensões da mesma realidade. Todos os fenômenos e seres existentes são constituídos conjuntamente por ondas e partículas, por energia e por matéria. Por exemplo, a luz se apresenta como onda e simultaneamente como partícula (fóton). Onda e partícula são complementares. Somente assumindo ambos temos uma descrição global da realidade.

Aprofundando a pesquisa, físicos quânticos verificaram que a realidade em sua dimensão mais profunda não é nem totalmente onda nem totalmente partícula, mas uma combinação de ambas. A onda possui uma dimensão de partícula, assim como a partícula possui uma dimensão de onda. Quando predomina a dimensão de onda na partícula, fala-se então de onda. Quando prevalece a dimensão de partícula na onda, fala-se de partícula.

Partículas e ondas interagem entre si aos bilhões e trilhões. Essa teia de relações constitui o campo energético. Todos os seres e o inteiro universo se movem dentro de campos energéticos, principalmente aqueles constituídos pelas energias fundamentais que sustentam e conferem harmonia e elegância ao cosmos: a energia gravitacional, a eletromagnética e nuclear fraca e forte. Elas atuam sempre articuladas e interconectadas. Não sabemos qual é sua natureza. Elas constituem o que muitos cosmólogos chamam de *princípio cosmogênico*, gerador de tudo. Não seriam outra coisa que o próprio universo na medida em que se apresenta como um organismo vivente e atuante. Por elas, com elas e nelas o cosmos se caracteriza como autopoiese*, autoemergência, auto-organização e autoconsciência.

Quando se quer sublinhar a dimensão onda no campo energético, as partículas são chamadas de "bósons"*. Quando se quer acentuar a dimensão partícula (matéria), fala-se em "férmions"*. "Bósons" é a relação, sempre aberta e carregada de potencialidades ilimitadas. "Férmions" são as coisas relacionadas, colapsadas e estabelecidas. Todos os seres são compostos de ondas e partículas, de "bósons" e de "férmions". Nos humanos os "bósons" representam a dimensão relacional, transcendente, espiritual. "Férmions" é a nossa dimensão individual e corporal dentro de um espaço e de um tempo definidos. Só para dar um outro exemplo: para os cristãos, Jesus realiza de forma suprema esta dimensão dual; Ele é totalmente "férmion", em sua humanidade concreta. É ao mesmo tempo totalmente "bóson", em sua dimensão divina, como Filho de Deus. Não são duas realidades justapostas, mas dimensões de uma e mesma realidade, Jesus.

Como transparece, aponta neste processo a dimensão cósmica da galinha e da águia, do sim-bólico e do dia-bólico. Dimensão-galinha no cosmos é tudo o que se concretizou, configurou-se e ganhou estabilidade como a matéria e as partículas. São os "férmions" que formam as galáxias, as estrelas, os planetas e luas. Dimensão-águia são as energias, as ondas e os "bósons" que constituem as relações que estas realidades entretêm entre elas e com o todo.

A águia responde pela abertura e pela evolução. A galinha, pela estabilidade e pela conservação. Evolução e conservação são dimensões do mesmo e único universo. Galinha e águia, sim-bólico e dia-bólico se equilibram dinamicamente. Mas é a águia que sempre emerge de novo, empurra ou puxa a evolução rumo ao futuro em aberto. Não sabemos que probabilidades vão se realizar (colapsar como dizem os físicos quânticos) e assim suscitar reais novidades nunca dantes existentes no passado.

A presença da dimensão-galinha/águia se faz notar também na própria dinâmica do universo. Ele é simultaneamente expansivo e retrativo. Já há 15 bilhões de anos está se expandindo; é a águia voando a velocidades inimagináveis, criando espaço e tempo e toda sorte de diversidades. Ao mesmo tempo é retrativo, pois a força gravitacional atrai todos os seres e freia o processo de expansão com calibragens sutis, como referimos acima; é a galinha em sua concreção e senso de equilíbrio que confere harmonia e elegância ao cosmos.

Esta mesma dinâmica revela outra faceta: a coexistência do caos e da ordem, do dia-bólico e do sim-bólico. Tudo se originou de uma inimaginável explosão. É o império do caos, das energias, do calor, dos elementos atirados em todas as direções com velocidades incomensuráveis. É a dimensão-águia que rompe os horizontes e inaugura o novo. E, ao mesmo tempo, deste caos primordial emergem as primeiras simetrias, as relações que compõem os campos energéticos e as ordens. É a dimensão-galinha que confere estabilidade e harmonia ao dinamismo.

O universo é um movimento incessante buscando seu equilíbrio, sempre frágil e exposto a mutações. A própria vida nasceu da matéria, longe do seu equilíbrio (total equilíbrio equivale à morte), numa situação de caos. Esta situação acelera as interações, propicia a auto-organização, ocasiona a criatividade e origina um ponto de bifurcação do qual nasce uma nova ordem.

Outra perspectiva deste mesmo processo cosmogênico revela a dimensão-águia/galinha. É a unidade e a diferenciação. A astrofísica e a astronomia demonstraram a profunda unidade e isotopia do universo. As mesmas energias, os mesmos elementos básicos, as mesmas leis das partículas e dos corpos, as mesmas composições químicas funcionam em todos os seres, seja nos mais distantes cujo espectro luminoso pode ser decodificado, seja na nossa via láctea, no Sol, nos planetas solares, nos meteoritos, na Lua, na Terra e em nosso próprio corpo. Não é sem razão que o universo é cosmos, palavra que significa ordem, harmonia e unidade. É a dimensão sim-bólica. E ao mesmo tempo esta unidade não é estacionária, pois se abre a infindáveis probabilidades, algumas se realizando, outras regressando ao vácuo quântico. Abre-se assim para a imensa diversidade de tipos de galáxias, de estrelas, de dosagens dos elementos químicos na atmosfera das nebulosas, no Sol ou em Vênus e na Terra com sua espantosa diversidade de seres "inertes" e vivos, particularmente a biodiversidade. Tudo está em aberto, longe do equilíbrio, mas buscando uma nova ordem. É a dimensão dia-bólica.

Por fim, há ainda outra dinâmica cósmica que revela a presença da dimensão-águia/galinha, sim-bólica/dia-bólica. É a coexistência da autonomia e da inter-relação, da autoafirmação e da integração, da parte e do todo. Os cosmólogos se deram conta de que o universo forma um imenso sistema com uma cadeia de subsistemas, uns contendo os outros. Cada ser possui sua identidade e sua autonomia. Goza de uma configuração distinta de qualquer outra. E ao mesmo tempo se encontra enovelado numa teia de relações com os vizinhos e com todos os demais que o inserem num todo maior. Como já asseveramos inúmeras vezes: interexistimos e coexistimos. A realidade configura um holograma*, quer dizer, o todo contido em cada parte e cada parte contida num todo que se ordena a um outro maior.

O ser humano, por exemplo, apresenta-se como uma espécie definida, distinta de outras. Goza de sua relativa autonomia. Mas simultaneamente convive com outras espécies e com outros ecossistemas: pertence ao sistema-biótico dos mamíferos da Terra que, por sua vez, pertence ao sistema-solar, que, por sua vez, pertence ao sistema galáctico via láctea que, por sua vez, pertence ao conglomerado de galáxias Virgem que, por sua vez, pertence a um conglomerado ainda maior que, por sua vez, pertence a este universo que, por sua vez, possivelmente, articula-se com outros prováveis e infindáveis universos paralelos e assim por diante.

O mesmo vale para os seres vivos em seus ecossistemas. Uma célula se inscreve dentro de um tecido que é parte de um órgão, que é parte de um organismo, que é parte de um membro, que é parte de um corpo, que é parte de um ecossistema, que é parte de um ecossistema maior, e assim indefinidamente.

É o jogo da galinha que se afirma na sua individualidade articulada com a águia que se abre e se integra num todo maior.

Todos estes pares – partícula/onda, "bósons/férmions", expansão/retração, ordem/caos, dia-bólico/sim-bólico, unidade/diferenciação, autonomia/integração – não fundam um dualismo, mas uma dualidade, tendências de um mesmo movimento, dimensões de uma mesma realidade complexa: una e diversa, dinâmica e ordenada, sim-bólica e dia-bólica, feita e sempre por fazer.

6. Se tudo começa, tudo também acaba?

Sabemos hoje quando o universo começou. Discernimos a lógica de sua evolução que, por um lado, obedece a leis, e, por outro, conhece descontinuidades, probabilidades, situações caóticas e dia-bólicas que permitem formas sim-

-bólicas mais altas de complexidade, de ordens e de beleza. Vimos nesse processo cosmogênico funcionar a dimensão águia/galinha, dia-bólica/sim-bólica. Tudo vem regido pelo tempo que é irreversível, um relógio que nunca volta atrás. Para onde nos leva a seta do tempo? Para a morte ou para a plenitude? Se sabemos quando tudo começou podemos saber quando tudo acabará, se por acaso vai acabar?

No primeiro capítulo aventamos a possibilidade de o ser humano se autodestruir em razão de um risco autoinflingido por sua máquina de morte e por sua falta de sabedoria. Pode o universo ter um fim por desgaste total de seu capital energético?

É um ramo da física chamado termodinâmica que se ocupa destas questões culturalmente incômodas. Como o termo diz, estuda o movimento do calor. Ao ferver uma chaleira de água para o café, gasta-se certa quantidade de energia calorífica. Parte dela é util, pois ferve a água. Outra parte se perde pelo espaço e nunca mais vai ser recuperada. Todo crescimento cobra uma taxa de desgaste. Para tudo se dispende energia. Será que ela acabará um dia?

Pensando o universo como um todo fechado, a termodinâmica elaborou duas leis fundamentais: a primeira diz que a energia universal do universo fechado é constante, não se destrói, se transforma e se conserva. A segunda, ao contrário, reza que, com referência ao seu uso, ela tende a difundir-se e a degradar-se até não ser mais utilizável. É o que se chama entropia, o desgaste crescente da energia. A entropia do mundo tende ao seu máximo, diz a fórmula. O máximo de entropia significa o estado de equilíbrio total. Equilíbrio total equivale a morte.

Pela segunda lei da termodinâmica, as galáxias, em bilhões e bilhões de anos, somem em imensas nebulosas. Estrelas gastam toda a sua energia e terminam como anãs brancas ou buracos negros. O Sol em 5 bilhões de anos terá o mesmo destino, arrastando consigo seus planetas e a nossa Terra. Dia a dia, pela mesma segunda lei da termodinâmica, nossas roupas se gastam, nossos edifícios envelhecem e desmoronam, as flores de nossos jardins fenecem, nossas soberbas construções culturais viram pó. Enfim, todos, universo e cada um de nós, caminhamos inarredavelmente para a morte, a morte térmica.

O que era criatividade e esplendor, o que era majestade e beleza, o que era sacralidade e veneração, no seu termo se transforma num cenário de escuridão como breu, num vasto espaço praticamente vazio, perpassado por uns poucos fótons e neutrinos perdidos. Por fim o colapso total. Há algo mais deprimente que essa perspectiva? É o dia-bólico total.

Como não podemos deter a primavera nem a evolução, que por uma força intrínseca (princípio cosmogênico) segue seu curso, da mesma forma a entropia é irreprimível e leva todos ao mesmo destino mortal. Por isso os físicos dizem que a segunda lei da termodinâmica é a suprema lei da natureza e do universo. Ela atinge todos os seres, em todos os tempos e espaços. Não faz nenhuma exceção.

A ciência pôde constatar que ainda estamos em expansão e não há nenhum sinal de retração. Apesar da expansão, verifica-se um imenso equilíbrio dinâmico, pois as galáxias, as estrelas, o Sol e seus planetas, por força da gravidade, harmonizam-se. O que não sabemos é a densidade da matéria do universo da qual depende a força da gravidade. E há de se considerar também a existência presumível da antimatéria que constituiria grande parte do universo. Não sabemos se o universo assim concebido se expande mais e mais até diluir-se, ou se ele chega a um ponto crítico e começa a retrair-se sobre si mesmo até o ponto inicial, densíssimo de energia.

Esta ambiguidade permitiu outra especulação para o fim do universo por parte de físicos e cosmólogos: o *big-crunch** (o grande esmagamento). Depois de bilhões e bilhões de anos de expansão, vencendo a força de retração da gravidade, esta começaria a ser mais forte. Inicialmente devagar e em seguida com velocidades cada vez mais altas, percorreria o caminho inverso. Galáxias que antes fugiam agora se atrairiam, estrelas se fundiriam, a matéria do universo se densificaria cada vez mais, tornar-se-ia um buraco negro e por fim alcançaria as dimensões triliométricas iniciais. Aconteceria o *big-crunch* (o grande esmagamento), o oposto ao *big-bang* (a grande explosão).

Pode ser que o nosso universo atual seja a expansão de um outro universo anterior que se retraiu, vale dizer, que conheceu já o grande esmagamento *(big-crunch)*. O universo seria como um pêndulo: indefinidamente oscilaria entre expansão e retração.

Outros aventam a hipótese de que o universo não conheceria nem a expansão total nem a retração completa. Ele pulsaria como um imenso coração. Passaria por ciclos. Quando a matéria atingisse certo grau de densidade, expandir-se-ia; quando atingisse certo grau de refinamento, contrair-se-ia num movimento perpétuo. O certo é que o universo físico, assim como o conhecemos qual sistema fechado, conhecerá impreterivelmente um fim, seja na expansão, seja na retração.

Neste contexto entendemos a afirmação resignada de Jacques Monod, em seu famoso livro *O acaso e a necessidade* (1970): "o homem sabe finalmente que está sozinho na imensidade insensível do universo, do qual surgiu por obra do acaso. Seu destino não está escrito em lugar algum. Nem tampouco seu dever. O reino do alto ou as trevas de baixo: cabe a ele escolher".

7. Caos e cosmos, *dia-bolos* e *sim-bolos*: o triunfo final da águia

Será que essa é a última palavra? Não haverá uma saída para o universo que signifique promessa de vida e futuro esperançador? As visões macabras que consideramos são derivações de certa compreensão da matéria e da dinâmica do universo. Mas estas visões podem ser questionadas pelos próprios avanços da ciência feita com consciência.

Três grandes mutações ocorreram no século XX que estão mudando a imagem do mundo (cosmologia).

A primeira foi a teoria da relatividade conjugada com a física quântica (dos campos energéticos); elas obrigaram a entender o universo como um jogo de energias em permanente ação e relação.

A segunda foi uma derivação da anterior: a descoberta do caráter instável e probabilístico das partículas elementares (o princípio de indeterminação de Heisenberg), aliada à nova biologia molecular e genética que identifica o caráter auto-organizativo da matéria (autopoiese) e a função positiva do caos e do dia-bólico (realidade distante do equilíbrio) como gerador de novas formas de ordem, mais sim-bólicas e complexas.

Por fim, a terceira, a ecologia integral que apreende e articula os mais distintos saberes e os insere dentro do processo evolutivo do universo com seu caráter sistêmico, holístico e panrelacional, criando uma nova imagem do universo (cosmologia), como sendo uma complexíssima rede de energias e de matéria em permanente interação (a figura do jogo ou da arena, nos quais todos são incluídos como participantes e ninguém é mero assistente).

Todas estas vertentes supõem o universo como um sistema aberto. Que é um sistema aberto? Um sistema aberto, em contraposição a um sistema fechado, caracteriza-se pelo fato de que o seu futuro não é uma derivação linear do seu passado e de seu presente. Tudo está num processo autocriativo, auto-organizativo e autocontrolativo. Tudo se encontra dentro do campo de probabilidades e do jogo das interconexões. Algumas se realizam e constituem os seres realmente existentes. Eles continuam, ainda assim, dentro do campo de probabilidades e das inter-retro-relações, pois vêm dotados de mil virtualidades e de um sem-número de processos possíveis. Não sabemos e não podemos inferir com segurança quais vão se realizar no futuro e quais não. Estamos abertos à novidade. Por isso o universo como sistema aberto é capaz de emergências imprevistas e a partir daí realizar sínteses novas. Ele não acabou de nascer, está ainda em gênese. Ele é auto-organizativo, criativo e carregado de propósito. Se para o sistema fechado vale a entropia (degeneração da ordem e desgaste do capital energético), para o sistema aberto funciona a sintropia, isto é, a capacidade de transformar a desordem numa nova ordem mais complexa e menos energívora.

Esta visão do universo como sistema aberto, concriativo (autopoiese) e auto-organizativo nos fornece uma cosmologia coerente com a própria tendência global do universo. Ele avança criando. A vida busca por todos os modos perpetuar-se e autoincrementar-se. Mesmo as mais violentas dizimações em massa não conseguiram liquidar com a vida. A vida simplesmente quer mais vida.

Estes são também os anelos mais profundos do ser humano: viver sempre mais, melhor e eternamente. Segundo esta compreensão não iríamos, então, ao encontro da morte térmica, mas de uma explosão e implosão de realização, de majestade e de glória.

Não se desconhece a situação de caos cósmico e de desordem cósmica. Mas se faz deste lixo de matéria e de energia fonte de reciclagem, de criatividade, de novas ordens e de avanços rumo a formas cada vez mais sintrópicas de existência. O diabólico está vigente, mas ele vem superado por ordens sim-bólicas cada vez mais perfeitas.

Vamos oferecer as principais vertebrações desta nova perspectiva que nos abrem esperança para a perpetuidade da vida para além da vida e da morte.

O universo em cosmogênese apresenta três características: a *complexidade*, a *re-ligação* e a *interioridade.*

Desde o primeiro momento após o rompimento do ovo originário criam-se *complexidades,* quer dizer, conjuntos constituídos de partes inter-relacionadas entre si originando totalidades na forma de campos energéticos. Bilhões de anos após, essa complexidade fez emergir todo tipo de ecossistemas com seus subsistemas e com seus representantes reativos, tidos como "inertes" (estrelas, rochas, solos) e vivos (animais, plantas, seres autoconscientes). São emergências de um mesmo e único processo que têm as suas precondições indispensáveis e seu tempo exato de irrupção. Todas conspiram para que surjam seres mais complexos e conscientes com seus ambientes adequados. Quanto mais ascende, mais a evolução revela virtualidades da força criativa e auto-organizativa do universo.

Quanto mais complexo se apresenta o cosmos e cada ser dentro dele, mais *interioridade* ele possui. Quer dizer, possui uma maneira singular de organizar-se, de relacionar-se e de fazer-se presente. Mesmo o próton mais primitivo possui o seu jeito próprio e uma história de relacionamentos. Esta interioridade transparece melhor nos seres vivos. Ganha uma forma mais alta nos organismos que possuem um sistema nervoso central como os animais e uma forma toda singular no ser humano que apresenta um cérebro com bilhões e bilhões de neurônios em permanente interação e em sinapse.

Por fim tudo se inscreve dentro de uma malha riquíssima *de re-ligações*. Cada ser é parte de um todo que se ordena a outro maior. As partes estão de tal maneira ligadas e religadas entre si que sempre estão envoltas em interconexões como numa dança perpétua de energias e de vibrações. Mesmo a rocha mais ancestral de milhões e milhões de anos, quando analisada a partir da física quântica, aparece como a estabilização de quintilhões de quintilhões de átomos em interação e movimento. Ela está conectada com o solo, com a atmosfera, com os ventos, com a energia solar, com as forças cósmicas, com o ecossistema circundante e com os seres em presença, com o poeta que se entusiasma com sua majestade e lhe dedica um poema. Ela vive. A rocha é tudo isso e ainda mais.

Esta re-ligação encontra sua concretização mais brilhante no fenômeno da vida e da vida autoconsciente dos humanos. Como já vimos acima, a vida constitui uma emergência da história do cosmos e a autoconsciência uma emergência da história da vida. Vida é fundamentalmente matéria que se auto-organiza; por isso possui uma autonomia interior; simultaneamente interage com o meio, adaptando-se a ele e fazendo o meio adaptar-se a ela, tirando dele seu alimento. É o que funda a interdependência includente entre vida e meio; a vida se reproduz a partir de si mesma; e está aberta ao futuro porque pode desenvolver-se e dar origem a outras espécies.

Na vida transparece o que seja um sistema aberto. Ela é simbiótica, quer dizer, vive da troca de matéria e energia com o meio circundante. Somente subsiste e se desenvolve na medida em que está longe do equilíbrio. Se chegar ao equilíbrio termodinâmico significa que morreu. O cadáver em decomposição começa a virar pó. A situação de não equilíbrio faz com que o organismo vivo busque sempre um equilíbrio dinâmico e desenvolva a luta contra a entropia. E o faz mediante as assim chamadas *estruturas dissipativas*, termo criado pelo grande cientista russo-belga Ilya Prigogine, Prêmio Nobel de Química em 1977.

Que são estruturas dissipativas? São os mecanismos vitais que dissipam a entropia. Explicando: são os dispositivos com os quais os seres vivos transformam o caos, a decomposição e a degeneração em alimento e vida. É o que faz nosso estômago. Ele decompõe os alimentos, dilui-os e transforma-os criativamente em nutrientes. É o que faz a fotossíntese que aproveita o lixo do Sol (os raios de luz que saíram dele) para produzir carbono, liberar oxigênio e produzir biomassa. A natureza não conhece lixo. Tudo recicla, tudo aproveita. E com isso supera a entropia pela sintropia.

O universo inteiro é uma malha de estruturas dissipativas. Faz do caos das estrelas gigantes material para as galáxias e as estrelas. Das sobras de irradiação e de calor que se desprendem do Sol se alimenta, de mil formas, a Terra e todos os seres que estão nela.

A seta do tempo presente no universo aponta para frente e para cima e não para baixo e para trás. Ela mostrou que das formas simples chegamos às complexas, das complexas às autoconscientes que revelam uma suprema complexidade. O sentido da desordem e do caos é permitir a emergência de formas de ser mais ordenadas e cosmogênicas, vale dizer mais interiorizadas e mais marcadas de sentido e de direção.

A utilização de energia é mínima. Mas logo reciclam o material utilizado. A sinergia é cada vez maior e a sintropia ultrapassa de longe a entropia. Quer dizer, um ato de inteligência, um gesto de amor, uma faísca de intuição criativa necessitam de um mínimo de energia. Em contrapartida produzem um efeito sem proporções. Bem observava Blaise Pascal que um ato de amor vale mais que toda a massa de matéria do universo. A capacidade de auto-organização do universo impede a vitória da entropia. Triunfa a sintropia e a sinergia. É o que as religiões e tradições dos povos sempre testemunham: a última palavra não cabe à morte, mas à vida.

O universo está aberto para o futuro. A tendência é gestar formas de ser e de relacionar-se cada vez mais cooperativas e inclusivas. A vida tende a perpetuar-se e a eternizar-se. A morte é uma invenção sábia da vida para que ela possa continuar o seu curso de comunicação, de comunhão e de integração com todas as realidades. Até com a Suprema Realidade. Mas para isso ela tem de fazer uma travessia. Passar do espaço/tempo para a eternidade. Passar deste tipo de vida para outro tipo incomensuravelmente mais complexo e alto.

Decidir este propósito ultrapassa a capacidade do simples pensar científico. Esse tem muito a dizer. Mas silencia sobre tantas coisas, sobre as principais: de onde viemos, que fazemos nesse mundo, como devemos comportar-nos para preservar a herança vital recebida, para onde vamos e o que podemos esperar? O saber científico é limitado. Mas o ser humano tem outros recursos de saber. Tem a intuição pela qual, num golpe, vê o sentido da realidade. Tem a visão espiritual e mística que capta o movimento secreto das coisas. Tem o olhar utópico pelo qual ultrapassa as possibilidades do presente e antevê a realização futura.

Foi no âmbito das religiões que se elaborou a perspectiva de eternidade. Importa assumir sua perene mensagem. Ela sempre promete a vitória da vida sobre a morte, do sentido sobre o absurdo, do sim-bólico sobre o dia-bólico. Numa perspectiva realmente holística* e integradora, não podemos descartar os testemunhos das tradições espirituais e místicas. Elas são produções do próprio cosmos mediante o espírito humano. O universo nos fala e nos aponta para frente e para cima. Bem disse Freeman Dyson, um cientista norte-americano natural da Inglaterra, em seu livro *Disturbing Universe*: "Quanto mais examino o universo e estudo os detalhes de sua arquitetura, tanto mais evidências encontro de que o universo, de alguma maneira, deve ter sabido que estávamos a caminho".

Efetivamente, há valores e calibragens de várias constantes físicas que, se tivessem sido diferentes, teriam tornado a matéria imprópria para a irrupção e o desenvolvimento da vida e da consciência. E nós não estaríamos aqui para refletir sobre tudo isso. É o que nos diz o princípio antrópico fraco*. Ele significa o seguinte: todas estas questões de vida e de morte, de sentido e de absurdo, são suscitadas pelo ser humano. A partir dele, podemos ler o universo. Isso não significa que o universo somente tenha sentido por causa do ser humano. Significa que o ser humano ocupa uma situação singular: ele pode pensar, venerar e colocar em questão o inteiro universo. Ele possui uma centralidade cognitiva, mas sempre no interior da comunidade biótica e da solidariedade com todos os seres dos quais depende e com os quais se compõe na imensa aventura cósmica. Repetindo: o ser humano é o próprio universo que sente, pensa, questiona, ama e venera. Portanto, quando o ser humano faz tudo isso, não o faz por si mesmo, como ato de uma subjetividade pessoal e coletiva subsistente em si e para si.

É o universo que faz tudo isso através e com o ser humano, homem e mulher. Ele nos instrui e nos abre o horizonte da esperança.

Por outra parte, não sabemos as evoluções pelas quais passará o espírito humano. Há ainda cinco bilhões de anos de vida do Sol pela frente. Quer dizer, mil vezes a duração do passo que levou o primata primitivo ao *homo sapiens*. Pode ser que ele evolua de tal forma, como veremos mais adiante, que transmigre para outros planetas e penetre nos mistérios da energia e da matéria, para além das limitações do espaço e do tempo.

Entretanto, cabe observar, como já foi notado por tantos analistas do processo mundial: estamos assistindo a uma convergência entre o mundo fora de nós e o mundo dentro de nós. É o encontro do Ocidente (que transitou pelo mundo fora de nós, até o espaço exterior da Terra) com o Oriente (que navegou nas profundezas do mundo interior da *psyché* e do espírito). Essa convergência dos mundos está marcando nosso tempo. Ela aponta para a inauguração de uma nova era. Possivelmente mais centrada, mais sensível, mais compassiva, mais masculino-feminina, mais espiritual e mais mística.

Neste vasto processo percebemos novamente a estrutura da galinha-águia. A galinha é o sistema fechado com sua entropia inegável. A águia é o sistema aberto com suas ilimitadas capacidades de sintropia e de criação. A galinha é o momento entrópico de caos e de desordem. A águia é o momento sintrópico, generativo de novo cosmos e de nova ordem, a partir exatamente da desordem e do caos. Eles estão sempre em porfia. Como num certame, desafiam-se mutuamente, mas uma necessitando sempre da outra. É como a relação entre a semente e o húmus. O que se ergue, desabrocha, floresce e dá frutos, sorrindo ao Sol e ao universo, é a semente que virou árvore. Mas somente pode triunfar porque o húmus, rico e fecundo, lhe deu generosamente os nutrientes. Triunfa a águia porque abre caminho para frente. Mas triunfa com as armas que lhe forneceu a galinha, a nutrição da terra.

O universo é uma imensa galinha/águia. A águia voa à frente apontando o horizonte infinito e o oceano de energia, de vida e de sentido que deságua no coração do Mistério. E o Mistério é Deus, Pai e Mãe, a águia absoluta, que se revela nas concreções históricas. Portanto, sempre nas dimensões-galinha. Mistério, águia-galinha, de onde veio e para onde mergulhará o universo e tudo o que ele contém.

Qual o sentido último do universo? Pergunta radical para a qual as respostas são vacilantes. Suspeitamos que ele deva ser decifrado a partir da própria estrutura do universo. Essa estrutura sistêmica produz subjetividade através da vida e do espírito. A subjetividade, por sua vez, permite o universo sentir-se a si mesmo, refletir sobre si mesmo e amar-se a si mesmo. Ao sentir, pensar e amar a si mesmo, o universo deixa entrever um Mistério que o sustenta, uma Energia que o perpassa e um Amor que o plenifica. O órgão pelo qual articula esta operação é o ser humano, homem e mulher.

Cabe ao ser humano curvar-se reverente face a esta Suprema Realidade. Ele sempre se sentiu fascinado por ela. Buscou-a no sono e na vigília, como o obscuro e constante objeto de seu secreto amor. Mais ainda, ousou decifrá-la. Conferiu mil nomes a Quem é sem nome: Deus, Javé, Alá, Brahma, Atma, Tao, Olorum. Foi o que fizeram e fazem as religiões desde a mais alta ancestralidade até os dias atuais. Por elas o próprio Mistério se autonomeia, a própria Energia se autoidentifica e o próprio Amor se autocomunica.

Bibliografia para aprofundamento

ASSMANN, H. *Metáforas novas para reencantar a educação.* Piracicaba: Unimep, 1996.

ATLAN, H. *Entre o cristal e a fumaça* – Ensaio sobre a organização do ser vivo. Rio de Janeiro: Zahar, s.d.

BARROW, J.D. *Teorias de Tudo* – A busca da explicação final. Rio de Janeiro: Zahar, 1994.

BOFF, L. *A nossa ressurreição na morte.* Petrópolis: Vozes, 1997.

_____. *Vida para além da morte.* Petrópolis: Vozes, 1997.

_____. Uma cosmovisão ecológica: a narrativa atual. In: *Ecologia*: grito da Terra, grito dos pobres. São Paulo: Ática, 1995.

BOHM, D. *Ciência, ordem e criatividade.* Lisboa: Gradiva, 1989.

BOHR, N. *Física atômica e conhecimento humano.* Rio de Janeiro: Contraponto, 1995.

CAPRA, F. *A teia da vida* – Uma nova compreensão científica dos sistemas vivos. São Paulo: Cultrix, 1997.

_____. *O ponto de mutação.* São Paulo: Cultrix, 1989.

CHARON, J.E. *O espírito, esse desconhecido.* São Paulo: Melhoramentos, 1990.

DAVIES, P. *Deus e a nova física.* Lisboa: Edições 70, 1988.

DUMAS, F.D. *O ovo cósmico* – O simbolismo da gênese original. São Paulo: Pensamento, 1989.

DUVE, Ch. de. *Poeira Vital* – A vida como imperativo cósmico. São Paulo: Campus, 1997.

EHRLICH, P.R. *O mecanismo da natureza* – O mundo vivo à nossa volta e como funciona. São Paulo: Campus, 1993.

EINSTEIN, A. *Como vejo o mundo*. Rio de Janeiro: Nova Fronteira, 1981.

FERRIS, T. *O despertar na via láctea*. São Paulo: Campus, 1990.

FREI BETTO. *A obra do artista* – Uma visão holística do universo. São Paulo: Ática, 1995.

FREIRE-MAIA, N. *A ciência por dentro*. Petrópolis: Vozes, 1991.

_____. *Criação e evolução*: Deus, o acaso e a necessidade. Petrópolis: Vozes, 1986.

GLEICK, J. *Caos* – A criação de uma nova ciência. São Paulo: Campus, 1989.

GLEISER, M. *A dança cósmica* –Dos mitos da criação ao big bang. São Paulo: Companhia das Letras, 1997.

GRIBBIN, J. *No início* – Antes e depois do Big Bang. Rio de Janeiro: Campus, 1997.

_____. *À procura do Big Bang*: cosmologia e física quântica. Lisboa: Presença, 1989.

GUTH, A.H. *O universo inflacionário*. Rio de Janeiro: Campus, 1997.

HAWING, S. *Uma breve história do tempo*. Rio de Janeiro: Nova Fronteira, 1992.

HEISENBERG, W. *A parte e o todo*. Rio de Janeiro: Contraponto, 1996.

JACOB, F. *A lógica da vida* – Uma história da hereditariedade. Rio de Janeiro: 1983.

JOHNSON, G. *Fogo na mente* – Ciência, fé e a busca da ordem. Rio de Janeiro: Campus, 1997.

LABORIT, H. *Deus não joga dados*. São Paulo: Trajetória Cultural, 1989.

LEWIN, R. *Complexidade* – A vida no limite do caos. Rio de Janeiro: Rocco, 1994.

LINDFIELD, M. *A dança da mutação* – Uma abordagem ecológica e espiritual da transformação. São Paulo: Aquariana, 1992.

LONGAIR, M. *As origens de nosso universo*. Rio de Janeiro: Zahar, 1994.

LOVELOCK, J. *Gaia* – Um novo olhar sobre a vida na terra. Lisboa: Edições 70, 1989.

MATURANA, H. & VARELA, F. *A árvore da vida* – A base biológica do entendimento humano. Campinas: Psy II, 1955.

MONOD, J. *O acaso e a necessidade*. Petrópolis: Vozes, 1976.

MOURÃO, R.R. de FREITAS. *Nascimento, vida e morte das estrelas*. Petrópolis: Vozes, 1995.

_____. *Ecologia cósmica* – Uma visão cósmica da ecologia. Rio de Janeiro: Francisco Alves, 1992.

_____. *Buracos negros* – Universos em colapso. Petrópolis: Vozes 1981.

NOVELLO, M. *O círculo do tempo* – Um olhar científico sobre viagens não convencionais no tempo. Rio de Janeiro: Campus, 1997.

PESSIS-PASTERNACK. *Do caos à inteligência artificial.* São Paulo: Unesp, 1992.

SAGAN, C. *Pálido ponto azul.* São Paulo: Companhia das Letras, 1996.

_____. *Cosmos.* Rio de Janeiro: Francisco Alves, 1989.

SALAM, A. *A unificação das forças fundamentais* – O grande desafio da física contemporânea. Rio de Janeiro: Zahar, 1993.

WARD, P. *O fim da evolução.* Rio de Janeiro: Campus, 1997.

WEIL, P. *A consciência cósmica.* Petrópolis: Vozes, 1989.

WEINBERG, S. *Os três primeiros minutos* – Uma análise moderna da origem do universo. Lisboa: Gradiva, 1987.

WILSON, E.O. (org.) *Biodiversidade.* Rio de Janeiro: Nova Fronteira, 1997.

ZOHAR, D. *O ser quântico.* São Paulo: Best Seller, 1991.

3
A águia e a galinha, o dia-bólico e sim-bólico na construção da história

Uma lição podemos tirar do capítulo anterior: no universo tudo está interconectado, as energias originárias, as partículas subatômicas, a matéria, as estrelas, a vida, a linguagem, a consciência, o sim-bólico e o dia-bólico e o computador com o qual escrevo este texto. Se assim é, então não se pode pensar a história humana desconectada da história da vida, da Terra e do universo. Não é outra história, mas um capítulo de uma única e mesma história, num nível mais complexo e mais consciente. Da mesma forma, a ordem social não é uma ordem à parte. Vem integrada dialeticamente numa ordem mais ampla, da vida, da Terra e do cosmos.

Recusar essa imbricação entre história biocósmica e história social é permanecer refém do paradigma antropocêntrico. Este se baseia num pressuposto reducionista segundo o qual o entendimento, o espírito, a criação e a construção de relações são considerados exclusivos da espécie *homo sapiens/demens*. Como vimos anteriormente, o espírito e tudo o que lhe pertence vigem no universo desde sua origem. A distinção não se faz entre espírito e natureza, mas entre os vários graus de realização do princípio-espírito na natureza e no ser humano. É semelhante a uma nota musical, o dó ou o fá, por exemplo. Ela pode ser executada em várias escalas, das mais baixas às mais altas. Ou como uma cor. Tomemos o azul: a cor permanece sempre a mesma, mas seus tons podem variar, do azul-celeste ao azul-marinho, ao azul-turquesa, ao azul-anil e assim por diante. Portanto, no transfundo das diferenças, importa captar um princípio que tudo uni-fica e re-liga. A autocriação (autopoiese*) e a auto-organização de energia e matéria se dão a seu modo no fenômeno social. Dão-se, embora sobre isso haja ampla discussão científica, através de jogos linguísticos, redes de comunicação, teias de relacionamentos de todo tipo, papéis assumidos pelos atores sociais, jogos de símbolos, ritos e de poderes. O social é assim constituído por relações em rede. Ninguém está fora da relação, exatamente como no universo e na tradição biológica.

A sociedade humana assume, prolonga e desenvolve de forma singular a sociabilidade existente anteriormente nos seres gregários (abelhas, castores, formigas) e nos seres societários como os primatas superiores. Nestes, por exemplo, verificam-se unidades societárias que integram os indivíduos (babuínos, gorilas e chimpanzés etc.). Essa integração limita a criatividade dos indivíduos. Por isso predomina a unidade que existe por causa deles. No nível social humano amplia-se a criatividade dos indivíduos que continuamente fazem, refazem, desconstroem e reconstroem o sistema social. Como veremos no próximo capítulo, a singularidade humana, à distinção dos primatas superiores, reside na linguagem e no domínio linguístico ilimitado. O surgimento da linguagem estaria ligado às relações afetivas entre os hominídeos*, associadas à coleta e à partilha dos alimentos. A contínua recorrência destas relações produziu a aprendizagem social. Esta subjaz à harmonia e à coerência nas relações sociais. Pela aprendizagem ela se reproduz e estabiliza. Por outra parte, a criatividade individual e coletiva gera permanente instabilidade no sistema (caos generativo) que o obriga a adaptações e à busca de outros tipos de harmonia e coerência. O processo societário, por ser expressão avançada da vida, é profundamente dinâmico e interativo. Transita continuamente de processos ordenadores a processos caóticos, originando flexibilidade social e formações histórico-sociais das mais distintas, permanentemente em busca de formas de coesão e de estabilidade, sempre frágeis porque submetidas à força generativa do caos.

A linguagem e a comunicação estão na base da sociedade humana enquanto humana. Na linguagem se encontra a instância definitória do ser humano. Sem o domínio linguístico, sem a lógica comunicativa e participatória não se constrói a coesão social, nem a criatividade de sentidos do mundo, nem as intervenções que modificam o meio ambiente. É a partir da linguagem que os seres humanos elaboram a reflexão, a consciência e o eu. Por ela eles constroem o mundo como rede de significados e como habitat com regularidades e com dinamismos que o fazem adaptar-se e ecoevoluir continuamente.

Colocadas estas bases na tradição biológica comum, voltemo-nos à história que podemos analisar, pois contamos com registros de seu fazimento. A que entra na nossa consideração cobre apenas os últimos 10-12 mil anos. Se imaginarmos a história da Terra desde os seus inícios, há 4,45 bilhões de anos, como se fosse um calendário anual, estes 10-12 mil anos representariam apenas o último minuto da última hora do último dia do ano. Mas é a história de nosso passado mais imediato, patamar comum sobre o qual todos nos situamos.

1. A evolução bio-sócio-cultural dentro da evolução cósmica

A evolução do universo não é linear, mas complexa. Ela conhece saltos criativos, avanços e retrocessos dentro de um movimento dinâmico que aponta na direção de mais diversidade, mais complexidade, mais re-ligação e mais subjetividade. No nível humano, entretanto, esta tendência do universo pode ser potenciada ou dificultada e até, em alguns casos, impedida. Por quê? Porque o ser humano *sapiens* e *demens* copilota junto com a Terra o processo planetário atual. Com isso vê-se inserido mais profundamente nesse processo. Torna-se corresponsável.

Há, pois, dentro da evolução global, uma evolução bio--sócio-cultural da humanidade. Vamos defini-la sucintamente: significa as mudanças dos modos de dizer, de ser, de conviver, de produzir, de simbolizar e de espiritualizar das várias formações sociais, mudanças que permanentemente estão em construção, em consolidação e desconstrução.

O ser humano não interage apenas face ao meio. Ele procura sentir-se bem nele. Para isso introduz mudanças. Qual é o mecanismo central dessas mudanças? Essa questão sempre instigou os estudiosos. A sociologia surgiu, em grande parte, para responder a essa questão magna, a saber, como surgem, como se desenvolvem, como se reproduzem, como se transformam, como degeneram e como desaparecem sociedades e culturas?

Para responder estas questões nos inspiram, entre outras, as elaborações dos biólogos chilenos Humberto Maturana e Francisco Varela, bem como aquelas feitas pelo notável pensador do processo civilizatório, o brasileiro Darcy Ribeiro († 1997). Damos como pressuposto o que sucintamente expusemos acima: o fato de que existe na espécie humana um mesmo substrato cósmico-bio-linguístico-sócio-antropológico. A partir desse substrato e sobre ele se realizam mudanças que são desencadeadas pelo impacto de sucessivas revoluções técnicas. Estas representam entendimentos novos que o ser humano instaurou em seu manejo com a natureza. Elas passam pela linguagem como maneira de construção da realidade. Estas revoluções técnicas processam a transição de uma etapa evolutiva a outra ou de uma a outra formação sociocultural (novo paradigma cultural).

A evolução bio-sócio-cultural representa, normalmente, processos lentos que em geral demandam de 300 a 500 anos para madurar. Atualmente esse tempo se reduziu enormemente, dada a incrível aceleração histórica. Por isso se pode falar de um antes, de um durante e de um depois de cada evolução bio-sócio-cultural.

Os impactos técnicos representam apenas a pedrinha que deslancha o movimento. Esse movimento, entretanto, contamina tudo: as relações do ser humano com a natureza e com a produção, as relações sociais e as institucionais, os esquemas linguísticos, mentais, emocionais e espirituais com os quais o ser humano interpreta e valora sua vida e sua função no universo. Quando ocorre tal fenômeno diz-se então que surge um novo processo civilizatório, um novo paradigma civilizacional.

Detalhando um pouco a questão, constatamos que as revoluções ocorridas na história por nós conhecida através de registros históricos (fósseis, monumentos, expressões plásticas, escritos) são as seguintes: a revolução agrícola, a revolução urbana, a revolução do regadio (irrigações), a revolução pastoril, a revolução mercantil, a revolução industrial, a revolução termonuclear, a revolução do conhecimento/informação e ultimamente a revolução planetária (com todos os processos que ela inclui). Cada uma destas revoluções originou processos civilizatórios, vale dizer, configurações linguísticas, econômicas, sociais, culturais, familiares, científicas, simbólicas e religiosas que formam uma totalidade singular, de sentido e de valor, na qual vive o ser humano pessoal e coletivo. As últimas quatro revoluções possuem um caráter mundial. As duas últimas seguramente se orientam a criar as bases para a revolução planetária, originando também uma civilização planetária.

Estas mudanças incidem sobre os quatro eixos básicos, transculturais, presentes em todas as formações bio-sócio-culturais. Esses eixos são permanentes e são configurados diferentemente através dos tempos. Pois estão ligados diretamente à produção e à reprodução das condições materiais e espirituais da vida humana. Quais são?

O primeiro é o eixo *da adaptação/interação*. Ele diz respeito à relação dinâmica do ser humano para com o meio ambiente em vista de sua subsistência. O ser humano é extremamente interativo, adaptativo e flexível. Adapta-se a todos os ecossistemas. Faz os ecossistemas se adaptarem às suas necessidades e à sua capacidade de criação. Modifica a natureza e se modifica com a natureza.

Esse jogo encerra chances e riscos. Chances, porque pode desentranhar da natureza virtualidades inauditas. Possivelmente, só se manifestariam sob a iniciativa de algum ser inteligente do universo à semelhança do ser humano. Riscos, porque pode-se quebrar a aliança de coexistência e de colaboração entre ser humano e natureza. Como vimos anteriormente, iniciou-se a partir do neolítico um processo de dominação por parte do ser humano sobre a natureza, cujo ápice devastador ocorre em nossos dias.

O segundo é o eixo *da associação/colaboração*. Ele concerne à sociedade em vista da convivência entre os humanos. Os seres humanos não vivem. Inter-existem. Convivem. Associam-se em famílias, tribos, vilas, cidades, estados, organismos mundiais e centros de administração que possuem como destinatário a humanidade e o planeta inteiro. Introduzem a divisão social do trabalho, distribuem as responsabilidades. Emergem grupos sociais diferenciados a partir de sua participação no processo produtivo e na capacidade de decisão social. Esta diferenciação se mostra na forma como são modeladas as relações de gênero, na maneira como se entendem as gerações presentes e aquelas por vir. As sociedades históricas evidenciam grande diversidade nas relações que estabelecem entre seus membros, as instituições e os alheios. Algumas são mais cooperativas e solidárias. Outras mais matrifocais* ou patriarcais. Mais cosmocentradas ou mais antropocentradas. Estoutras mais autoritárias e hierarquizadas. Por fim, muitas mais tolerantes e sensíveis à reciprocidade e à sinergia entre todos.

O terceiro eixo é o da *simbolização/significação*. Ele se refere ao sentido que os seres humanos emprestam aos seus atos e à história pessoal, coletiva e cósmica. Eles não só falam, pensam e organizam. Eles também avaliam, ajuízam fatos e criam valores. Interpretam a vida e a morte, elaboram sonhos, formulam projetos e colocam indagações últimas que ganham expressão intelectual nas filosofias, expressão simbólica nas religiões e nas tradições espirituais e expressão formal nas ciências. Tais procedimentos constituem o complexo e o rico mundo dos símbolos, das ideias, das éticas e das cosmovisões.

Por fim há o eixo da *espiritualização/re-ligação*. Espírito é aquela capacidade do ser humano pessoal e coletivo de sentir-se parte e parcela de um todo, de ligar e re-ligar cada coisa, de enxergar totalidades e de decifrar o Mistério que habita o universo e que resplende em cada ser. O ser humano pode dialogar com esse Mistério. Descobri-lo no curso das estrelas, na profundidade dos organismos vivos, na abissalidade de sua fala e de seu próprio coração. Diante dele pode encher-se de veneração e de respeito. Pode transfigurar cada ser pois o vê como um sacramento revelador de sua inefável presença. Pode amar cada pessoa humana como um templo vivo no qual Deus continuamente está nascendo e fazendo surgir entusiasmo e amor. Pode entregar-se amorosamente a Ele. Sentir-se um com o Uno. É próprio do espírito sentir e experimentar dentro de si, como ressonância, todos os seres e o Ser. Essa energia espiritual colora de sentido todas as demais instâncias. Dá-lhes uma significação transcendente. Por isso o espírito deve ser considerado como uma poderosa força estruturadora das pessoas, da história e de seu destino.

Estes quatro eixos – o adaptativo, o associativo, o simbólico e o espiritual – implicam-se mutuamente e funcionam sempre juntos. São as rodas que fazem andar o que se chama a história cósmico-bio-sócio-cultural da humanidade.

Estes quatro eixos configuram desafios permanentes a serem respondidos por cada formação sociocultural em todos os tempos e em todos os lugares. Em outras palavras, em cada formação social as pessoas devem poder comer e habitar (eixo adaptativo), devem conviver com um mínimo de solidariedade e colaboração (eixo associativo), devem dar sentido e valor ao que fazem (eixo simbólico) e devem projetar uma visão de síntese e de totalidade de sua história e do universo, dando um nome ao Mistério que tudo perpassa e re-liga (eixo espiritual).

Cada desafio exige uma resposta adequada. Caso contrário o ser humano sente-se frustrado e humilhado. Desafio-resposta: eis uma possível chave que dá conta do dinamismo histórico, como o mostrou o grande historiador inglês Arnold Toynbee (1889-1975), nas 21 grandes civilizações que estudou e compendiou numa obra em dez volumes: *Um estudo da história.*

Se a capacidade de resposta é maior que os desafios que enfrenta, a sociedade progride e se expande. Expressa sua dimensão de águia e de sím-bolo. Se os desafios ultrapassam a capacidade de resposta, ela paralisa e regride. A águia vira galinha. O dia-bólico se sobrepõe ao sim-bólico. Se há um equilíbrio entre desafio-resposta, a sociedade se reproduz e mantém um nível sustentável de desenvolvimento. Águia e galinha convivem. O sim-bólico se articula dinamicamente com o dia-bólico. E se os desafios se apresentam medíocres, a ponto de sobrar capacidade de resposta, ela também se mediocriza e estagna. Vive numa sesta cultural. É a regência da galinha, o triunfo do dia-bólico.

Como se depreende, essa história não é monótona, mas extremamente colorida. Os dois processos que anteriormente vimos atuantes no cosmos se fazem presentes também aqui: a expansão/diversificação e a integração/padronização. Quer dizer, a expansão/diversificação e a integração/padronização incidem diretamente no processo adaptativo, associativo, simbólico e espiritual. Aqui emerge novamente a dimensão-águia e a dimensão-galinha e a combinação sim-bólico e dia-bólico.

Pela expansão/diversificação as sociedades, na esteira do universo, inventam eixos adaptativos com a natureza, elaboram eixos associativos com suas populações, projetam eixos simbólicos com suas fontes de sentido, moldam eixos espirituais com suas expressões místicas e religiosas. É a águia em seu voo livre.

Pela integração/padronização as sociedades, à semelhança do universo, trabalham os quatro eixos referidos acima. Padronizam as tecnologias, moderam a expansão ao organizar as formas de convivência, estabelecem as escalas de valores, fixam as tradições com suas cosmologias e significações simbólicas e traçam caminhos espirituais específicos que alimentam sempre o fogo interior do ser humano e sua perspectiva de eternidade. É a galinha nos limites de seu terreiro.

Observamos, entretanto, um fato curioso, mas não surpreendente: no jogo da águia e da galinha, do sim-bólico e do dia-bólico, dos desafios e das respostas, da expansão/diversidade e da integração/padronização, a águia e o sim--bólico acabam, no seu termo, ganhando a partida. É a seta do tempo universal fazendo seu curso sempre para frente e para cima. Apesar de todas as contradições, exterminações em massa e retrocessos, a história avança criando cada vez mais complexidades e níveis mais altos de organização. Não só. Ela se acelera cada vez mais. Senão vejamos:

Para deflagrar a primeira grande revolução, aquela agrícola do neolítico, entre 10 e 12 mil anos passados, o ser humano precisou de 2,6 milhões de anos de acumulação de experiências e de habilidades, seja como coletor de frutos da natureza, seja como caçador-predador. Foi quando surgiu no plioceno o *homo habilis*. Até a revolução urbana, passaram-se 3 mil anos. Até a revolução do regadio 2 mil anos. Até a revolução metalúrgica 1.500 anos. Até a revolução pastoril 1.000 anos. Até a revolução mercantil 700 anos. Até a revolução industrial 300 anos. Até a revolução termonuclear 150 anos. Até a revolução da informação/comunicação apenas 5 anos (1950 com a decifração do código genético). Simultaneamente começou a surgir o processo de planetização (o rápido surgimento do mercado mundial e as interdependências políticas e culturais) que significa possivelmente a última grande revolução terrenal: a planetária, com a criação de uma sociedade mundial, com uma consciência da unidade da espécie humana e de seu destino comum. Sem definições étnicas, raciais e regionais excludentes será, enfim, a civilização da humanidade.

Para onde nos conduz esta crescente aceleração? Para um fim trágico da biosfera ou para um patamar novo da hominização? Estas são as perguntas que tantos e tantos, entre perplexidade e esperança, fazemos.

2. Qual é o motor secreto da história?

Até agora fizemos uma leitura do processo bio-sócio-histórico a partir de fora. Queremos agora sondar seu dinamismo secreto por dentro. Pretendemos aprofundar um pouco como se detalha e se mostra tal dinamismo no surgimento, na evolução e na consolidação das formações socioculturais.

Já queremos antecipar, com grande discrição, a resposta: esse dinamismo é, no fundo, misterioso, pois tem a ver com o mesmo dinamismo que fez surgir e evoluir o universo. Que é a energia primordial, a onda X? Por que o universo se expande criando? Por que a realidade se dá sob a forma de partícula material e de onda energética? Que é a luz? Quem a empurra a uma velocidade de trezentos mil quilômetros por segundo? Por que a vida sempre busca mais perpetuidade e mais expansão? São realidades últimas que se abrem sobre o mistério. Sempre de novo instigam a inteligência no seu afã de desvendar e conhecer.

Alguns dados, entretanto, parecem assegurados: há no universo caos e cosmos, a força expansiva e a força atrativa, partículas e ondas, unidade e diferenciação, autocriação e auto-organização de energia e de matéria que significam vida, linguagem e consciência. No nível das formações bio-sócio--históricas encontramos também o mesmo jogo e tensão entre duas dimensões que se realizam dentro do quadro maior dos impactos científico-técnicos: movimento e instituição, utopia e realidade, povo e classe social, lógica da rua e lógica da casa, tradição e progresso, reforma e revolução/libertação, esquerda e direita, poder carismático e poder burocrático, momento dionisíaco e momento apolíneo, yin e yang etc.

É na análise deste jogo que descobrimos tanto no cosmos quanto na sociedade a vigência vigorosa da dimensão--águia e da dimensão-galinha, da combinação entre o sim--bólico e o dia-bólico. Vamos então a esta análise.

2.1. *Movimento* versus *instituição*

Antes que existam instituições, sociedades, visões de mundo e religiões, existem movimentos. Eles dão origem a tudo o que existe de instituído e de consagrado no mundo. O próprio universo foi gerado por um intensíssimo movimento, a ruptura do ovo cósmico, o *big-bang*. Este, mais que um ponto de arranque, é um ponto de instabilidade (caos/diá-bolos) que busca e está buscando ainda seu equilíbrio dinâmico (cosmos/sím-bolos).

Mas como surgem os movimentos? Surgem, seguindo a lógica da natureza, como resposta a situações longe do equilíbrio, caóticas e, por isso, em estado de instabilidade e de crise. De dentro desta convulsão, como que de repente, irrompem pequenos grupos, carismáticos, portadores de uma nova visão, de um novo entusiasmo e de uma nova proposta salvadora. Estes grupos vivem o que analistas sociais chamam de *estado nascente*. É um estado que faz nascer energias poderosas e decisões que refundam a sociedade e redirecionam a história. É uma nova criação (autopoiese*). Geralmente o pequeno grupo, portador da nova paixão e mensagem, aglutina-se ao redor de uma figura carismática. Juntos vivem uma experiência fundacional que lhes confere grande entusiasmo, vivem uma verdadeira conversão de vida e mudam de comportamento, diverso daquele do seu cotidiano. O sim-bólico vem altissimamente potenciado.

A participação vem de baixo, todos se sentem envolvidos, todos discutem, todos são ouvidos e o consenso emerge espontaneamente. Há grande generosidade de todos. Cria-se o movimento. Ele possui um mínimo de organização, fluida, mais pontos de referência valorativa que preceitos e leis a serem seguidas por todos. O movimento apresenta uma alternativa ao *establishment**. É o apelo fundamental que explica seu aspecto libertário e revolucionário.

O movimento, porém, quando consegue triunfar e impor-se, muda de natureza. Vira instituição. E com a instituição entra a repetição, a rotina, a burocracia, a norma, a hierarquia de poderes.

Jesus, por exemplo, criou um movimento: o movimento messiânico. Reuniu ao redor de si um grupo de entusiastas. Viveu com seus doze apóstolos a experiência de um estado nascente. Traduziu este estado nascente em termos de uma revolução absoluta que resgataria o ser humano, a sociedade e o universo. Chamou-o de Reino de Deus. Suscitou muitas esperanças. Revelou um rosto novo de Deus, Pai com características de Mãe misericordiosa. Entretanto, Jesus anunciou o Reino, mas o que de fato veio foi a Igreja como instituição.

Perdeu-se o sonho e esvaziou-se a revolução? Sim e não. *Não,* porque a revolução triunfou e entrou numa fase de cristalização e de institucionalização. Com isso ganha perpetuidade histórica. *Sim,* esvaziou-se porque sacrificou o fogo interior e a grande irradiação de seus primórdios.

Mas como não podemos opor a flor com sua vulnerabilidade e sua evanescência ao fruto com sua solidez e sua permanência, assim também não podemos opor movimento e instituição. Ambos pertencem à história e à vida. Exigem-se e se completam mutuamente. Mas são diferentes e obedecem a lógicas distintas. O movimento visa a mudança e a instituição a permanência. O movimento representa a explosão do novo e a instituição a sua domesticação dentro da repetição e de uma sequência serial.

Esta dialética entre movimento e instituição ganha várias expressões como tensão entre o poder carismático e o poder burocrático, entre o elã vital e a estratificação, entre o movimento profético e a religião estabelecida, entre comunidade (onde cada um é conhecido pelo seu nome e tudo é compartilhado) e sociedade (onde vigora o anonimato e as decisões são institucionais), entre enamoramento e casamento. Concretiza-se em subsistemas como os religiosos, os políticos, os pedagógicos, até em nível pessoal.

Mas não basta manter o equilíbrio entre um polo e outro. Excessivo equilíbrio equivale à estagnação e o absoluto equilíbrio, à morte. O equilíbrio deve ser dinâmico, sempre aberto a novas integrações. É dinâmico na medida em que a relação se estabelece, via de regra, a partir do polo do movimento e não da instituição, a partir do carisma e não do poder. A razão reside nisso: é o movimento e o carisma que permitem a revitalização e a emergência do novo. Começar pelo polo da instituição e do poder significa, em regra, emascular o carisma ou esvaziá-lo por sua espiritualização. Termina-se geralmente por fortalecer a ordem estabelecida. Ou se introduz apenas alguma reforma. Mas jamais se alcança sua ultrapassagem através de outra diferente. Portanto, ou se dá primazia ao polo do carisma (águia), ou não se fará transformação inovadora nenhuma.

São Francisco de Assis (1182-1226) é disso um caso paradigmático. Mediante o seu carisma singular, deu origem a um incrível movimento entusiástico coletivo de veneração à santa humanidade de Jesus – no presépio, na cruz, na Eucaristia. Inaugurou um movimento de opção preferencial pelos pobres, como nunca antes na história do cristianismo. Viveu um encantamento comovedor para com a natureza e de confraternização cálida com todos os elementos do universo. Mobilizou milhares de jovens de sua geração. Foi a irrupção fantástica do carisma. Mas após alguns anos o que resultou foi a instituição religiosa dos franciscanos, com suas tradições, seus escritos fundacionais, seus lugares sagrados em Assis, Gubbio, Spoleto, Greccio, seus santos e santas e suas ordenações internas. Não sem razão se chama de Ordem Franciscana.

Caso a Ordem não voltar continuamente ao movimento pauperista franciscano, ela se distancia do São Francisco da história. Ele foi mais um santo do povo do que da instituição eclesiástica. Ele era leigo e não um clérigo. Um "homem da nova era" (*homo alterius saeculi*) como foi chamado pelos biógrafos do tempo.

Mais um exemplo: o Partido dos Trabalhadores. O PT nasceu de três movimentos extremamente fecundos: do sindicalismo novo cujas bases se encontram nos próprios trabalhadores e não no Estado populista; dos grupos de esquerda com seus partidos e intelectuais que sempre procuraram uma alternativa ao desenvolvimento do sub-desenvolvimento; e por fim das Comunidades Eclesiais de Base que mostravam concretamente um novo modo de ser Igreja, participativa, popular e libertadora, ensejando uma experiência de democracia direta de grande incidência na formação de novos atores sociais. Esse movimento amplo se cristalizou na instituição PT.

Ele não deixa de ser uma instituição política, um partido, com todas as exigências de programa, de disciplina e de rotina que uma instituição comporta. Mas o segredo de sua força convocatória e de sua irradiação entusiástica se deve ao sonho que ele mantém dentro da instituição, ao carisma que seus fundadores realimentam em contato com as massas de marginalizados e de excluídos e ao caráter de movimento que o partido ainda guarda. Ele se constitui num grande sím-bolo da política ética no sentido de Gandhi: um ato amoroso para com o povo.

Um jovem se enamora de uma jovem. Irrompe um universo de maravilhamento e de irradiação. Vive um estado nascente. Deslancha um movimento de sentido, de excelência da vida e de experiência de fascínio extraordinário. Numa página antológica o expressou Machado de Assis (1839-1908), no seu *Dom Casmurro*: "Eu amava Capitu! Capitu amava-me! E as minhas pernas andavam, desandavam, estacavam, trêmulas e crentes de abarcar o mundo. Esse primeiro palpitar da seiva, essa revelação da consciência a si própria, nunca mais me esqueceu, nem achei que lhe fosse comparável qualquer outra sensação da mesma espécie". Mas esse movimento de encantamento que tudo redefine não dura para sempre. Termina no casamento que é a institucionalização do amor, com sua inevitável rotina.

Desafio formidável é manter o espírito do movimento dentro da instituição, alimentar o amor-matrimônio com o entusiasmo do enamoramento, superar a rotina com novas descobertas do mistério da pessoa amada que propicia um renovado reencantamento. Essa é a verdadeira *ars amatoria* (arte de amar) que encontra, infelizmente, poucos cultivadores.

Como transparece, o movimento e a instituição representam modos diferentes de sentir, de pensar, de avaliar e de existir. Diferentes, mas complementares.

O movimento representa a dimensão-águia em sua criatividade no espaço aberto e criativo. A instituição configura a galinha em sua ordem e nos limites rotineiros de seu espaço estabelecido. Ambos representam valores distintos. Ambos se complementam. Ambos são igualmente importantes para a vida. Mas a sua importância e seu valor devem obedecer a esta lógica: é a partir do movimento que se deve estabelecer a relação com a instituição. É a condição necessária para a sanidade e o dinamismo da história.

Por isso, na atual conjuntura mundial clamamos pela águia, para que desperte em nós o movimento de salvação da Terra e de preservação do patrimônio da vida, e não clamamos pela galinha para que ela conserve o mundo assim como perigosamente está.

2.2. *Utopia* versus *história*

Há um outro dinamismo que atravessa as sociedades e as pessoas humanas, a tensão entre a utopia e a realidade concreta, a história. A realidade dada tem seu peso e sua inércia. Ela dá segurança. As coisas são definidas e basta adequar-se a elas. Muitos defendem o *status quo** pelas seguranças que traz; outros, por indolência, não se empenham em sua melhoria; aqueloutros são, por princípio, conservadores, opondo-se a qualquer mudança da sociedade vigente. É o peso da dimensão-galinha, contente com os limites de seu terreiro.

Mas uma sociedade não vive apenas do funcionamento de suas instituições, dos seus bens culturais, de suas tradições e do relativo bem-estar de seus cidadãos. Não é suficiente a justiça. Ela tende a enrijecer as relações. Faz-se mister a generosidade, a compaixão, a gratuidade e a veneração. Estas introduzem o criativo, o surpreendente e o novedoso. Portanto, para manter-se e continuar a desenvolver-se, a sociedade precisa de um projeto histórico e de um horizonte utópico que incluam todas estas dimensões. Sem uma utopia e sem um sonho coletivo, uma sociedade estagna sobre os louros de suas conquistas. Ou regride ou se deixa dominar pelos padrões de outras mais fortes. É o que os antropólogos chamam de incorporação histórica de uma sociedade na outra.

A utopia é aquele conjunto de projeções, de imagens, de valores e de grandes motivações que inspiram sempre práticas novas e conferem sentido às lutas e aos sacrifícios para aperfeiçoar a sociedade. Pela utopia se procura sempre ver para além da realidade dada. A realidade dada nunca é dada porque é, na verdade, sempre feita. E é feita a partir das potencialidades e virtualidades presentes na história. Por isso a utopia não se opõe à realidade. Ela pertence à realidade, ao seu caráter virtual. A prática humana procura transformar o virtual em real, quer dizer, tenta alcançar a utopia. Mas nunca o consegue. A utopia está sempre um passo à frente. A montanha aponta para outra montanha, para outra e sempre para outra... A utopia mostra para frente e para cima com uma dupla função:

Em primeiro lugar, a utopia funciona como crítica das realizações do presente; elas não são a perfeição acabada; sempre podem ser melhoradas; portanto, a utopia relativiza, desfataliza e desabsolutiza as melhores realizações históricas. Elas podem ser sempre aperfeiçoadas.

Em segundo lugar, a utopia serve de provocação para mantermos a história sempre aberta e permanentemente buscando aproximações da utopia. Se não buscarmos o impossível, acabamos por não realizar o possível. A utopia representa a dimensão-águia que sempre de novo ganha altura e alarga os horizontes.

Todos os humanos são portadores da utopia. Mas há os que são seus portadores privilegiados: os marginalizados e excluídos dos sistemas de convivência. Eles são os que sonham com um tipo de sociedade (democracia?) na qual todos cabem, onde prevaleça a sensibilidade pelas carências dos outros, pela qual todos possam satisfazer suas necessidades básicas e participar criativamente para aperfeiçoar as formas de inclusão e de participação.

No jogo entre pensamento utópico e realismo histórico é que se vai urdindo a sociedade e se vão revitalizando as formações socioculturais.

2.3. *Classes* versus *povo*

As diferenças de participação no processo produtivo e nas formas de partilha dos bens gerados, a diversidade de acesso ao poder político e às formas de seu exercício dão origem às classes sociais. As sociedades modernas se configuram como sociedades de classes. O modo de produção destas sociedades não é comunitário. Neste os membros têm igual acesso aos meios de produção, têm uma distribuição equitativa da força de trabalho (todos produzem do seu jeito e segundo suas capacidades) e todos têm uma partilha equânime dos produtos finais do trabalho (variando segundo as necessidades da saúde e da idade das pessoas). O modo de produção das sociedades atuais é assimétrico. Somente uma pequena minoria permanente detém o controle dos meios de produção. Distribui desigualmente a força de trabalho e os benefícios do desenvolvimento.

Essa assimetria social dá origem às classes sociais. Elas representam poderes e interesses antagônicos. Por isso geram tensões, conflitos e, não raro, lutas sociais. A despeito deste conflito de base podem surgir alianças de classe, alianças conjunturais ou estratégicas (operários da cidade com camponeses; sem-terra com índios e negros; classe média com organizações populares etc.). Mas importa nunca esquecer as relações de base, assentadas na contradição que vigora entre assalariados e detentores das grandes empresas nacionais, multinacionais ou mundiais. Eles possuem interesses contraditórios. As relações são de permanente tensão e de verdadeira luta por salários, por preços, por lucros, por formas de participação nas decisões das empresas e por limitação e controle do poder de reivindicação dos que dependem do capital. O processo de mundialização não pôs fim a esta situação. Apenas a mundializou e até a agravou. Além de explorar a força de trabalho dos operários, agora, com a ideologia da qualidade total e da reengenharia administrativa, exploram-se os afetos, a generosidade e os sentimentos de solidariedade. Tudo em função de quem está dentro do sistema que, por sua lógica interna, mais e mais dispensa mão de obra e torna descartáveis porções significativas da humanidade porque não possuem poder de compra.

Como se depreende, grande parte da mobilização das sociedades modernas se deve à tensão entre capital e trabalho, entre os detentores de conhecimento tecnológico e os excluídos dele, entre os vários mercados em competição. Foi mérito de Karl Marx (1818-1883) ter enfatizado a importância da luta de classes ("o motor da história é a luta de classes", "desta história moderna" – diríamos nós) como construtor de história, embora não seja o único.

As classes em luta denunciam falta de participação equitativa, de justiça social e de compaixão entre os humanos. Por isso nunca faltaram na história os que combateram a sociedade de classes e projetaram modelos alternativos mais democráticos, integradores e humanitários. O socialismo em seu ideário original (e não em sua distorção como capitalismo do Estado centralizador, beneficente, mas nada participatório) se apresentou e continua se apresentando como alternativa histórica viável à sociedade de classes em luta. Seu sonho é ser o desenvolvimento integral da democracia. Esta deve realizar-se na política, na economia, na cultura e em todos os campos do convívio humano (democracia como valor universal). Este socialismo originário e democrático se constrói sobre esses dois princípios: a afirmação da liberdade solidária do gênero humano (não a liberdade individualista) e a autodeterminação dos indivíduos sociais, cada vez mais singulares, diferentes, sensíveis e solidários (não os indivíduos isolados).

Uma sociedade de classes, por sua natureza geradora de desigualdades (não confundir com diversidades e diferenças), nunca poderá ser uma sociedade verdadeiramente democrática. Por isso quanto mais social e participativa for a democracia, mais se reduzirá o caráter destruidor do conflito de classes. Mais centralidade ganhará o povo organizado. Importa, pois, democratizar a democracia.

A categoria povo se contrapõe às classes sociais. Em termos analíticos, povo não existe como algo dado, previamente estabelecido. Povo é o resultado da articulação entre movimentos, comunidades, agrupamentos humanos que romperam a situação de massa, inconsciente e sem projeto próprio. Encontraram-se ao redor de uma consciência coletiva, de um projeto comum, de práticas adequadas à consciência e ao projeto. Encontraram-se para construir uma história e uma identidade próprias nos limites de um determinado território. Ao conceito de povo pertence a superação dos interesses só classistas e a busca de um bem comum com a assunção de um projeto participativo e igualitário para o conjunto da sociedade. Povo está sempre em construção contra forças e grupos que querem reduzi-lo a massa.

Povo, como se depreende, configura um valor: todos são chamados a ser povo, a deixar para trás as relações dominador-dominado, massas-elites; todos são convidados a participar na gestação de uma sociedade com relações de colaboração e não de concorrência. Portanto, de uma democracia social, popular, solidária e includente de todos.

Hoje vivemos uma fase nova da democracia, sua expressão planetária. Toda a humanidade deverá ser povo, nas diferenças de suas tradições, mas na convergência de valores humanitários e ecológicos que o fazem sujeito de uma história coletiva, história da humanidade.

O povo organizado busca seu bem comum. Ele não é apenas humano, nacional e terrenal. Inclui também a todos os que compartem a aventura humana, como as plantas, os animais, as águas, os solos, as paisagens. Numa palavra, o bem comum humano será somente humano, social e planetário, se for também sociocósmico.

O processo social moderno se estrutura, pois, nesta tensão entre o dia-bólico das classes com seus conflitos e o sim-bólico do povo em sua perspectiva inclusiva e solidária, una e diversa. Classes e povo não dão corpo também ao significado de galinha e águia de nosso relato arquetípico?

2.4. *A casa* versus *a rua*

A sociedade não se constrói apenas por estruturas econômicas e políticas e pelo dinamismo ligado às classes em conflito. Nela há espaços, tempos e relações que passam pela subjetividade pessoal e coletiva e que deixam sua marca na configuração social. Nelas identificamos também a estrutura águia/galinha e o dia-bólico/sim-bólico.

Assim, em todas as sociedades, os cidadãos organizam suas vidas dentro de duas lógicas: a da casa (o privado) e a da rua (o público). A casa não é o prédio. Casa significa o conjunto das relações parentais e amicais exclusivas onde os membros vivem relações de privacidade, de espontaneidade, de imediatez que não se encontram na sociedade. Na casa, a despeito da diferença dos sexos, das idades e dos graus de parentesco, a pessoa vive uma atmosfera amorosa e includente. Pode aí externar seus desejos mais secretos e viver uma liberdade sem peias. Os conflitos afetivos, a diferença de projetos de vida e as idiossincrasias pessoais podem vir à tona sem precisar destruir a harmonia, intrínseca a casa. É no interior da casa que cada um faz seu processo de socialização primária, elabora suas matrizes fundamentais e constrói sua identidade. As festas de família, os aniversários, os batizados, os casamentos, as doenças e a morte estreitam calorosamente os laços. É a âncora que sustenta a subjetividade face ao embate da lógica fria da rua.

A rua não é apenas um lugar físico. É também o conjunto das relações de trabalho, de luta pela vida, de hierarquias e ordenações sociais entre indivíduos anônimos e estruturas que formam a esfera do público e do oficial. Aqui vigoram as leis, a afirmação do *status* social e profissional, o tempo dos relógios, o trabalho eficaz e não a consideração e o amor. No mundo da rua há insegurangas; prevalece a desconfiança e não a paz serena. Por isso há polícia, normas a serem obervadas sob ameaça de punição. Neste espaço há também rituais e celebrações como os feriados, as festas nacionais e as festas populares, quer religiosas (dos padroeiros) ou seculares (dos carnavais e dos compeonatos de futebol).

Por estes dois espaços, da rua e da casa, navega socialmente cada cidadão. São lógicas diferentes. Ai de quem as confunde, mesclando o privado com o público e vice-versa. Geralmente paga um preço alto em desarmonia e desmoralização.

A casa é o universo sim-bólico, aconchegante e livre. A rua é o universo dia-bólico do anonimato, do individualismo, da competição e do espírito de massa. Ambas, à sua maneira, dinamizam o processo social, especialmente criando sujeitos singulares que carismaticamente emergem conferindo vitalidade à sociedade, mas cuja força, não raro, encontra-se nas relações de casa. A dinâmica social em seu tecido altamente complexo engloba também estas duas dimensões – rua e casa – dando um colorido singular à sociedade na forma como organiza o cotidiano das pessoas e suas relações longas na esfera pública e oficial.

2.5. *Conservadores* versus *progressistas*

Constatamos outra dinâmica social representada por duas atitudes básicas, a dos conservadores e a dos progressistas. Em toda sociedade há os que se aferram ao *status quo*, defendem as tradições, o regime econômico dominante, não obstante as injustiças que produz. Sustentam a própria ordem política vigente, apesar das marginalizações e exclusões que causa. Propugnam pela legislação estabelecida que muitas vezes conflita com a justiça (haja vista como é tratada a mulher na sociedade e no regime de trabalho ou a diferença no acesso à posse da terra).

O conservadorismo é normalmente a ideologia das classes dominantes. Não raro realizam uma modernização conservadora. É modernização porque introduzem no aparelho produtivo tecnologias modernas. É conservadora porque mantém inalterada a estrutura das desigualdades sociais. Qualquer mudança nesta área pode prejudicá-las. Por isso possuem uma visão político-social estruturalmente fixista que, não raro, leva à resignação. Sentem-se a realização de promessas antigas, uma razão a mais para não quererem transformações. É a galinha contente com o seu terreiro.

A atitude conservadora, entretanto, pode estar a serviço de uma revolução triunfante. Após a revolução importa conservar os avanços conquistados, não permitir que os grupos reacionários voltem à situação anterior que os privilegiava à custa do povo.

Na sociedade há também os grupos progressistas. Apontam as insuficiências do sistema imperante. Identificam as possibilidades viáveis de transformação. Possuem abertura para o novo, para novas ideias e novas práticas. Empenham-se, criam grupos de conscientização, formam quadros para as transformações necessárias, desenvolvem pedagogias populares para fazer dos oprimidos sujeitos de sua libertação e planejam ações de mudança social. Os portadores da ideologia progressista normalmente são os oprimidos e seus aliados de outras classes que assumiram sua causa e sua luta. É a águia abrindo espaços de liberdade.

A história se faz no jogo dos que se esforçam por conservar o que um dia se construiu e se estabeleceu e daqueles que buscam o progresso em todas as instâncias, criando visões novas e instituições diferentes. É a tensão entre a galinha e a águia, entre o terreiro e as alturas.

2.6. *Reforma* versus *revolução/libertação*

Outro dinamismo que caracteriza as sociedades é a relação dialética entre a vontade de reforma e o movimento revolucionário e sua expressão processual que é a libertação.

Os que buscam reformas são mudancistas. Querem melhorar a sociedade em que se encontram. Mas não buscam outro quadro institucional nem outra natureza do poder. Mantêm o mesmo paradigma social básico, mas visam, entretanto, mudanças e um rearranjo interno que confiram mais crescimento e melhores condições de vida à sociedade dada.

O reformismo normalmente é a ideologia das classes médias, dos intelectuais dos sistemas imperantes. São críticos diante dos emperramentos e insuficiências do *establishment** e suficientemente abertos para introduzir modificações. Com referência ao paradigma de base são, entretanto, conservadores, pois não o questionam até a raiz nem propõem uma alternativa a ele. Neles se manifesta a dimensão-galinha. A galinha está satisfeita com seu espaço e não quer outro, mas está insatisfeita com certas condições concretas dentro do terreiro e quer mudá-las.

Os libertários, porém, querem também mudanças, desde que sejam estruturais e que ultrapassam as reformas da sociedade. Almejam outro tipo de sociedade, outro paradigma social que permita novas ideias, novas práticas, novas relações sociais e um novo horizonte de esperança para o futuro.

Os libertários são revolucionários. Visam introduzir saltos de qualidade, para fundar outra história e dar uma nova direção à sociedade humana. Eles estão sob a regência da águia que deixa para trás a tranquilidade de seu terreiro junto às galinhas e busca as alturas, exposta aos ventos e tempestades, mas com uma nova liberdade.

2.7. *Esquerda* versus *direita*

Na história política do Ocidente convencionou-se chamar de esquerda todo pensamento e toda prática orientados para mudanças libertárias e revolucionárias na sociedade. As bandeiras históricas da esquerda mobilizaram milhões de pessoas, deram origem a partidos políticos e a revoluções como a americana (1775), a francesa (1789), a socialista (1917) e a da juventude mundial (maio de 1968). Liberdade, igualdade e fraternidade foram as consignas básicas dos processos revolucionários modernos.

O pensamento de esquerda é, por sua natureza, generoso, porque parte de um sentimento de compaixão pela miséria social, de indignação ética face às injustiças e de vontade de mudança para superar este quadro desumano. Visa estender a liberdade para todos os povos. Enseja a igualdade para todos os cidadãos perante a lei e o direito. Propicia relações sociais que se rejam pela irmandade, baseada na colaboração e na benquerença entre as pessoas e as nações.

Depois de 200 anos de experimentos de esquerda ficou claro, entre tantas outras coisas, que os seres humanos não são, por sua origem e destino, desiguais. Eles são diferentes. Foi um equívoco histórico de graves consequências, o fato de se ter compreendido a diferença como desigualdade. Em consequência disso, a igualdade foi buscada diretamente e imposta de cima para baixo.

Na verdade, a igualdade não pode ser buscada e imposta diretamente, pois gera a opressão. Foi o que ocorreu com o socialismo real no Leste Europeu. Ao impor de cima para baixo a igualdade social, ele gerou, não uma sociedade de cidadãos participativos e democráticos, mas uma massa igualizada de beneficiados de um Estado social que coletivizou e massificou as pessoas. Pretendeu criar um "nós" social anulando os "eus" pessoais.

A igualdade, no entanto, resulta de um processo anterior. Ela é o fruto de um vasto processo de participação. Sem mecanismos de participação não é possível a criação da igualdade. Quanto mais as pessoas participam em todos os níveis imagináveis, mais igualitárias se fazem, sem perder sua singularidade. A participação supõe a partilha, a troca, a cooperação, o diálogo, o aprendizado recíproco, a busca de convergências. Quanto mais participam, mais condições têm de decidir conjuntamente. E quanto mais decidem conjuntamente, mais sujeitos históricos e cidadãos e concidadãos plenos se fazem. Só então são, de fato, iguais perante a lei, o direito e os outros, porque foram iguais na luta e na construção coletiva de um bem comum.

Devemos partir do fato de que os seres humanos são diferentes na sua dotação natural (caráter, sensibilidade, inteligência, determinação), diferentes em raça, cultura, formas de organização social e definição religiosa. A diferença não é uma limitação. É manifestação de riqueza de uma espécie ou de um arquétipo. Seria trágico se a música se reduzisse somente ao *rock*, expressão da juventude mundial. Junto com o *rock* há o samba, a bossa-nova, a salsa, a ópera, a sinfonia, o canto gregoriano etc. Esta diferença mostra a riqueza do que seja a música. A diferença convoca para a aceitação e a reciprocidade mútuas. Os diferentes se encontram, trocam riquezas e crescem juntos.

Pelo fato de a história sempre apresentar decadências, e de o ser humano ser *sapiens* e *demens,* chegou-se a confundir diferença com desigualdade. Criaram-se dissimetrias e desigualdades indevidas em todos os níveis. Face a esta situação decadente, vale a solidariedade e a compaixão, no sentido budista. Pedem-se atitudes generosas de acolhida e de integração daqueles que, por qualquer razão, encontram-se marginalizados ou excluídos.

Aqui emerge o tema da fraternidade/sororidade, tão esquecido e o menos realizado entre os três proclamas da revolução moderna: igualdade, liberdade e fraternidade/sororidade. O sentido da fraternidade/sororidade teria aberto um caminho promissor para a realização da igualdade na diferença de situações. Teria criado as condições para a liberdade como força de potenciar a liberdade do outro e não de controlá-la ou de subordiná-la ao mais forte.

O pensamento de esquerda, de cunho ético, não obstante todos os radicalismos e excessos históricos, sempre manteve acesa a brasa da eminente dignidade do ser humano, como um fim em si mesmo e jamais como meio para quaisquer outros interesses. Nutriu a convicção de que os seres humanos não foram chamados no imenso processo cosmogênico e antropogênico para serem lobos entre si, mas irmãos e irmãs, sócios na mesma empreitada histórica de humanização. É a dimensão-águia fazendo sua aparição na história.

A direita se define pela manutenção do *status quo**, especialmente dos privilégios históricos dos grupos dominantes, pela reprodução dos mesmos padrões políticos, ideológicos e religiosos. Geralmente os grupos de direita são autoritários, pouco afeitos ao diálogo e à acolhida de novas propostas que impliquem mudanças sociais. A direita produz, geralmente, visões do mundo estáticas, fatalistas, resignadas e fechadas sobre os seus próprios limites. É a dimensão-galinha reclusa em seu galinheiro.

É na tensão entre esquerda e direita – cada uma porfiando em hegemonizar o processo social – que se constrói, se consolida e evolui a sociedade.

2.8. *O dionisíaco* versus *o apolíneo*

Na tradição do cânon ocidental costumamos usar duas figuras mitológicas para expressar a dinâmica social. Falamos do momento dionisíaco e do momento apolíneo.

Apolo é um deus solar, patrilinear, deus da ordem, da simetria e concordância, da razão e da ciência. Com razão atribui-se a ele o fato de ter matado o dragão Píton, gigantesca serpente no templo de Delfos. Píton simbolizava a grande Mãe-Terra (Geia) com suas potências telúricas e matriarcais, ligada à adivinhação e à intuição feminina. Em seu lugar, Apolo introduziu em Delfos o famoso "conhece-te a ti mesmo". Quer dizer, o saber e a ciência. O patriarcado assujeitou o matriarcado, a razão começou a prevalecer sobre o sentimento e a ciência veio substituir a intuição. Na reflexão do Ocidente e na perspectiva dos homens e menos das mulheres, Apolo é o símbolo do equilíbrio, da medida, da razão sensata, da harmonia dos contrários. Numa palavra, é o sim-bólico.

Oposto a ele se encontra Dioniso. É o deus da festa, da dança, do vinho, da embriaguez e da voluptuosidade. Por isso representa uma catarse, a liberação das proibições, o excesso, a celebração do entusiasmo, do delírio e do êxtase. Dioniso é a ruptura da ordem social e política dada. É a criatividade expansiva, carnavalesca e até orgiástica. É o dia-bólico.

Apolo e Dioniso, mais que divindades existentes em si mesmas, significam duas forças estruturadoras da realidade ou dois centros de irradiação da *psyché* pessoal e coletiva. Por possuírem um caráter fundamental, foram representados como divindades. Mas devem ser corretamente interpretados como símbolos de grande força, como arquétipos originários, seja para manter (Apolo), seja para transformar (Dioniso) a ordem dada. Essas energias sempre atuam dentro de cada um de nós e no inteiro corpo da sociedade.

Retomando, o dionisíaco representa o momento do *pathos,* de paixão, de entusiasmo, de efervescência, de criação e de estado nascente pelo qual passa a história coletiva ou pessoal. São momentos de grande mobilização das consciências, de euforia, de grandes metáforas. Tudo entra em movimento. Tudo irradia. Tudo faz sentido. Assim foi, por exemplo, nos anos 1960, com o sonho de libertação que incendiou o continente latino-americano. Na Europa foram os movimentos de protesto da juventude. Foi o surgimento dos *hippies* com sua anticultura e seus comportamentos provocativos.

No nosso esquema de interpretação, esta efervescência representa o dionisíaco, o dia-bólico ou o voo da águia, libertando-se e reconquistando um novo espaço de atuação.

O apolíneo configura o momento do *logos*, da racionalidade, da ordenação sensata, do padrão de comportamento, de beleza, de qualidade, momento da lei que estabelece o permitido e o proibido. É o mundo da clareza, da segurança, da rotina, da burocratização, da repetição serial. É a ordem e a estabilidade da vida cotidiana com todas as vantagens que a segurança e o dia a dia oferecem.

Novamente desponta nessa articulação do apolíneo a dimensão-galinha e o sim-bólico. Ela se compõe com a dimensão-águia e o dia-bólico. Ambas se dão as mãos. É fundamental a criatividade. Sem ela a história seria insuportável por sua monotonia e repetição. Mas o é também a ordem. Que seria a sociedade ou uma comunidade se devessem, cada manhã, criar uma nova ordem, inventar formas de subsistência e redefinir seus objetivos? Seguramente não funcionaria ou os grupos não sairiam de reuniões e de discussões intermináveis. É imprescindível que a dimensão-galinha tenha o seu bom direito e mostre as vantagens da ordem, da rotina e da definição clara dos objetivos aglutinadores do grupo. O que ela não pode, entretanto, é fechar-se sobre si mesma e impedir novos processos. É a vez da águia e do dionisíaco.

Hoje, entretanto, vivemos uma conjuntura bem particular. A situação mundial nos desafia para a invenção do novo, para o dionisíaco, para o voo da águia, a fim de ganharmos altura e buscarmos caminhos alternativos para a humanidade em fraternidade entre os humanos e em paz com a Terra. Se não criarmos alternativas, o caminho já criado e batido poderá levar-nos ao abismo. Precisamos de uma loucura sábia que reinvente a sociedade e a natureza.

2.9. *Yin* versus *yang*

O que para os ocidentais é o dionisíaco e o apolíneo, é para os orientais o yin e o yang. A tradição do Tao* vê a história como um jogo dialético e complementar de dois princípios: yin e yang. São forças que atuam em todos os fenômenos.

A figura de referência para a sua representação é a montanha. O lado sul da montanha, iluminado pelo Sol, é yang. O lado norte coberto de sombra é yin. Yin em chinês quer dizer sombreamento e corresponde à Terra. Ele se expressa por qualidades femininas, presentes no homem e na mulher, como o cuidado, a acolhida, a nutrição, a ternura, a conservação, a cooperação, a intuição, a sensibilidade pelos mistérios da vida e da natureza, a síntese do complexo. Yang significa luminosidade e corresponde ao céu. Ele ganha corpo em qualidades masculinas, na mulher e no homem, como o trabalho, a autoafirmação, a competição, a objetivação do mundo, a racionalidade discursiva e a análise.

Estes dois princípios correspondem ao que escrevíamos acima, à expansão/diversidade (yang) e à integração/padronização (yin). Ou na nossa metáfora às dimensões águia e galinha, à tensão entre o sim-bólico e o dia-bólico.

O taoismo, em sua sabedoria milenar, ensina que estas duas energias devem ser balanceadas para que a evolução se faça de forma dinâmica e ao mesmo tempo harmônica. Isso não ocorreu com a nossa cultura ocidental, materialista, industrialista e predadora. Ela enfatizou muito mais o yang do que o yin. Por isso permitiu que o racional recalcasse o emocional, que a ciência se inimizasse com a mística, que o poder negasse o carisma, que a concorrência prevalecesse sobre a cooperação e a exploração da natureza negasse o cuidado e a veneração. Este desequilíbrio originou o patriarcalismo, o antropocentrismo e a pobreza espiritual que estão na base de nossa crise civilizacional dos dias de hoje. Somente com a integração da força yin, do feminino, podemos proceder às correções necessárias e fazer uma experiência integradora da realidade.

Tanto o yin como o yang remetem a uma energia ainda mais originária, chamada pelos chineses de *Shi*. *Shi* é uma realidade cósmica que tudo penetra, tudo move, tudo sustenta, tudo anima e tudo faz convergir. A teologia yorubá e nagô, tão presentes na Bahia, diria que é o axé universal. Os cristãos creem que é o Espírito criador. Os modernos cosmólogos sustentam que é o princípio cosmogênico em ação em todo o universo. Ele não se revela diretamente. Originalmente ele se manifestava, dizem eles, por uma única energia originária, chamada energia X, no interior daquele minúsculo ponto inicial, antes de qualquer diferenciação provocada pelo *big-bang*. Após o grande estouro ela se vertebrou em quatro interações fundamentais (gravitacional, eletromagnética, nuclear forte e fraca), ou pelo yin e pelo yang, ou pela dimensão-águia e pela dimensão-galinha ou pelo sim-bólico e pelo dia-bólico.

O Espírito se faz presente por suas energias. No equilíbrio dinâmico e difícil destas forças, o universo e as formações bio-sócio-históricas têm vigor e ternura, mostram firmeza e flexibilidade, revelam unidade e diversidade e evidenciam capacidade de transformar o caos e a disfonia em cosmos e sinfonia.

3. A águia e a galinha na civilização planetária

Estamos entrando na última grande revolução sociocultural: a revolução planetária. Os seres humanos que estavam dispersos em estados-nações agora estão se encontrando numa única casa comum que é o planeta Terra. A Terra se transformou no grande e obscuro objeto de amor coletivo. É o objeto maior que condiciona todos os demais. Estamos instaurando o princípio-Terra. Estamos aprendendo a respeitar, venerar e amar a Terra, como pátria e mátria comum. Na medida em que nos reencantamos com sua grandiosidade e complexidade e na medida também em que cresce o sentimento de sua perda possível.

Não é impossível perdermos as condições de viver na Terra e até de matar a Terra-Gaia*, Grande Mãe, superorganismo vivo. Podemos desmascarar-nos como o satã da Terra.

Esta fase histórica possui uma singularidade: a atividade humana afeta o planeta Terra como um todo, sua composição físico-química, o solo, o subsolo, as terras elevadas, as águas, o ar, a vida dos micro-organismos, das plantas, dos animais e dos próprios seres humanos.

Face a este poder imenso, construtivo ou destrutivo, o primeiro desafio global que se apresenta é: conservar a Terra, preservar seu equilíbrio dinâmico, sua sustentabilidade, sua biodiversidade, sua capacidade de regeneração e as condições de seu ulterior desenvolvimento. Este é, seguramente, o valor supremo da nova ética da responsabilidade ecológica, precondição de todos os outros valores e de todas as atividades humanas. Não são muitos os que nutrem a consciência deste valor supremo. Mas, lentamente, mais e mais pessoas e grupos despertam para a urgência de uma nova aliança para com a Terra, em vista de sua salvaguarda e de nossa sobrevivência. Continuar no tipo de desenvolvimento dominante é expor-se ao risco de uma catástrofe ecológica.

Para conservar devemos hoje fazer uma revolução nas mentes e nos corações. Uma revolução na forma de pensar e no padrão de comportamento para com a Terra, uma revolução na concepção de desenvolvimento e de ciência e tecnologia. Somente uma revolução assim poderá capacitar-nos a conservar a herança biológica acumulada em bilhões de anos e preservar o patrimônio civilizacional da humanidade. A águia precisa ganhar altura para poder identificar um outro caminho de benevolência e de colaboração para com a Terra.

O segundo valor fundamental é: conservar as condições para o ser humano, junto com os demais companheiros de existência da imensa comunidade planetária, poder sobreviver e desabrochar. Importa prolongar o processo de desenvolvimento como já vem há milhões de anos. Sabemos de onde viemos, mas é incerto para onde vamos. A certeza que temos é que somos corresponsáveis pelo nosso destino e o destino do planeta Terra.

Estamos deixando a era do tecnozoico e estamos entrando no ecozoico. De uma civilização tecnológica que tantos conhecimentos e comodidades nos trouxe, mas simultaneamente tantas destruições e ameaças produziu, estamos passando para uma civilização ecológica na qual a ciência e a técnica são incorporadas num modelo de desenvolvimento que se faz com a natureza e nunca contra ela. A relação inclusiva, a religação, o abraço, a reciprocidade, a complementaridade e a sinergia formam os eixos articuladores da nova civilização. É o novo quadro científico-técnico que subjaz a todas as demais mudanças.

4. Um rito de passagem civilizacional

Estamos fazendo uma grande travessia. Está ocorrendo um complexo rito de passagem civilizacional, como já o apontávamos na introdução:

– Do patriarcal estamos passando lentamente para o pessoal e o social. O patriarcado impôs a dominação das categorias do masculino em todos os campos. Reprimiu o feminino e com isso a dimensão do mistério, do profundo, do espiritual, do cuidado e da compaixão. Organizou as sociedades a partir de uma posição de poder, entendido como dominação sobre os outros, os povos e a natureza. Agora, passo a passo, fortalece-se uma visão integradora, do masculino/feminino, do pessoal/social à base da consideração das pessoas e não de seu gênero, da sociedade como rede de relações cooperativas e solidárias e não de hierarquias de poderes e privilégios. O século XXI será possivelmente o século da regência do feminino que integrou em si o masculino. Destarte as mulheres ocuparão postos de decisão. Junto com homens que despertaram o feminino em si, tomarão, seguramente, decisões mais benevolentes para com as pessoas e a natureza. Resplenderá a espiritualidade e o sentido de veneração e de reverência face ao mistério do universo e de cada simples existência. Inaugurar-se-ão tempos de mais paz, benquerença e compaixão.

– Do local estamos passando para o global. Nenhum problema local encontra soluções apenas locais. A teia de inter-retro-relacionamentos obriga a incluir o global no pensamento e na prática. E o global, para não tornar-se abstrato, deve abrir-se ao local concreto em seu contexto singular e em sua complexidade específica.

– Da política nacional estamos passando para a política planetária. A política clássica, em seu sentido melhor, é a busca comum do bem comum. Implica uma arte e uma técnica de tornar socialmente possível o impossível. Nesta nova fase a política deve significar uma atitude amorosa para com a humanidade e um gesto de compaixão para com a Terra. Ele deve criar as condições materiais, culturais e espirituais que garantam o destino humano articulado com o destino do planeta.

– Do bem comum humano estamos passando para o bem comum planetário. Se não garantirmos a continuidade de nossso planeta azul-branco, se não zelarmos por sua sustentabilidade, de nada vale preocupar-nos com o bem comum humano. Não podem ir bem os seres humanos se a Terra vai mal. Se a Terra constitui um todo orgânico, onde cada parte está no todo e o todo na parte (holograma), então ela não pode sobreviver em fragmentos. Ela sobrevive como totalidade aberta. Não há uma arca de Noé que salve a alguns e deixe perder a outros. Desta vez ou nos salvamos todos, ou nos perdemos todos.

– Da democracia estamos passando para a biocracia. Junto com os cidadãos/ás humanos estão outros concidadãos como as árvores, as aves, os animais os micro-organismos. Que seria uma cidade ou casa humana se não incluísse outros seres vivos com os quais compartilhamos o mistério do universo? A vida, tão frágil e vulnerável, por ora, só se constatou na Terra. Mas é muito provável que o universo esteja impregnado de vida, uma emergência natural em situações ecológicas de grande complexidade.

A vida funda o coração vivo e pulsante do universo. Ela se oferece com extrema generosidade na Terra. Importa convivermos com todos os representantes da biodiversidade. É urgente inaugurarmos uma democracia sócio-bio-cósmica:

– Das sociedades nacionais estamos passando para uma única sociedade mundial. As interdependências em todos os níveis, as redes de comunicação e a consciência planetária fazem com que tenhamos a percepção de um único destino. Sente-se a necessidade de um centro pluralístico de direção (que não é a antiga planificação socialista de caráter totalitário) que gestione as questões que interessam coletivamente a todos como a alimentação, a água, a saúde, a moradia, a comunicação, a educação e a salvaguarda do patrimônio da Terra.

– Das Nações Unidas estamos passando para as Espécies Unidas. Pertencemos à comunidade dos viventes. Até hoje entretínhamos para com ela uma relação de agressão-depredação. Somos a espécie que dominou e continua a ameaçar todas as demais. Como somos todos interdependentes, todos precisamos uns dos outros para sobreviver e desenvolvernos. O ilhamento do ser humano nos últimos séculos produziu desumanização e empobrecimento. Precisamos voltar à comunidade dos viventes. Mais que uma trégua importa fazer a paz com a biosfera para que todos os seus representantes possam conviver em sinergia e reciprocidade.

– Da espécie *homo sapiens/demens* estamos passando para a humanidade. Cresce a consciência da unidade biológico-histórico-cósmica do ser humano. Somos uma família humana com bilhões de membros com suas diferenças e singularidades, mas finalmente constituímos uma única família. As consequências éticas de solidariedade, cooperação, intimidade entre todos ainda não foram tematizadas. No dia em que surgirem, irromperá uma torrente de benquerença e cooperação como jamais vistas na história.

– Da humanidade passamos para a Terra. Mas entendemos a Terra no contexto da nova ciência e consciência, a Terra como sistema, como Gaia e como um macro-organismo vivo. A Terra não resulta da soma dos solos secos, mais as águas, mais as rochas, mais a atmosfera, mais a biosfera, mais a antroposfera. A Terra é a totalidade articulada e relacionada de todas estas realidades que se implicam mutuamente e se necessitam para existir e viver. Nós não vivemos sobre a Terra. Somos parte da Terra. Somos filhos e filhas da Terra. Mais. Somos a própria Terra no seu momento de autoconsciência, de amorização e de copilotagem.

– Da Terra passamos para o cosmos. Somos parte e parcela de uma totalidade ainda maior, o sistema solar, nossa galáxia, a via láctea. Somos constituídos pelos mesmos elementos e pelas mesmas energias com que são feitas as estrelas e todos os demais seres. Um laço de fraternidade e de sororidade perpassa objetivamente entre todos. A comoção desta verdade não tomou conta ainda da maioria da humanidade. O dia em que este fato constituir conteúdo da consciência e for um valor inquestionável, nascerá seguramente um grande sentimento de pertença, de respeito universal e de profunda veneração por tudo o que nos cerca. Somos seres humanos, terrenais e cósmicos. As viagens dos humanos à Lua e o fato de suas naves espaciais terem visitado todo o sistema solar e já agora terem saído para fora dele revelam a vocação cósmica do ser humano. A Terra, o Sol, a via láctea e o inteiro universo são pequenos demais para o seu desejo de expansão e de comunhão. Só o Absoluto lhe é adequado. E cada coisa, o ser humano, homem/mulher, e o cosmos inteiro são dele uma imensa metáfora e um grandioso sacramento.

– Do cosmos passamos para Deus. Há uma volta vigorosa do religioso e do místico em todas as culturas mundiais. Nem sempre esta volta passa pelas instituições religiosas, em grande parte fossilizadas. Mas acontece como descoberta da profundidade do mistério humano, da complexidade do universo e da imensa biodiversidade da natureza. Deus não vem de fora. Emerge de dentro da experiência do novo paradigma holístico e espiritual. Ele desponta como Energia infinita, Relação absoluta que funda todas as demais relações, como Elã vital que vivifica cada coisa e a mantém em sintonia com todas as demais. Como o Espírito de vida que "dorme na pedra, sonha na flor, sente no animal, sabe que sente no homem e sente que sabe na mulher". Cultivar o espaço de Deus produz uma espiritualidade cósmica, mais benevolente, compassiva, solidária e sensível ao menor sinal de vida. Sem esta espiritualidade dificilmente chegaremos a ter mais veneração e respeito pela mãe-Terra.

Todos estes passos mostram a regência da dimensão-galinha e da dimensão-águia, do sim-bólico e do dia-bólico. Somos confrontados com uma terrível bifurcação: ou nos fechamos no paradigma passado, nos estados-nações, nas políticas parcializadas, no bem comum meramente humano, quando não classista, nas instituições religiosas fechadas em si mesmas, no local, portanto, na dimensão-galinha. Ou nos abrimos ao paradigma novo, à sociedade mundial, à política planetária, ao bem comum terrenal, à espiritualidade cósmica, ao global, portanto à dimensão-águia. No primeiro caso estagnamos, regredimos e colocamos a Terra e seus filhos e filhas em risco. No segundo, criamos possibilidades novas para o processo cosmogênico e antropogênico com mais chances de vida, de partilha, de reciprocidade, de comunhão e de espiritualidade.

5. O novo patamar da hominização: a noosfera

Para onde nos leva este processo? O que ele está preparando? Se olharmos para trás, para o processo evolutivo, podemos dizer: não nos leva para a morte e a destruição, mas para uma vida mais complexa e para uma construção mais rica. Estamos no patamar de um novo nascimento, com as dores de parto que todo nascimento comporta.

Está se criando inegavelmente em todo o planeta um sistema cultural de interdependências, de complexidades articuladas, de informações e de comunicações eletrônicas em todas as direções. Tal fenômeno significa, de fato, uma inteligência coletiva e uma consciência planetária. É como se o cérebro humano começasse a crescer fora da caixa craniana.

Ele o fez com os vários sentidos, com os olhos, os ouvidos, a mão, construindo aparelhos que prolongaram e especializaram nossos órgãos, dando-nos acesso a realidades antes escondidas. Agora o faz com a inteligência mediante o computador, o robô e os grandes centros de dados. Tal fato acelerou vertiginosamente nosso conhecimento da natureza e do próprio mistério da vida. Propiciou progressos científicos assombrosos. Eles afetam a genética com as modificações possíveis das espécies e do próprio ser humano.

O ser humano está hominizando toda a realidade planetária. Se as florestas existem ou são derrubadas, se as espécies continuam ou são dizimadas, se os solos e o ar são mantidos puros ou poluídos depende de decisões humanas. Mesmo o caráter virgem e intocado de um ecossistema depende da vontade humana de assim mantê-lo e preservá-lo. Terra e humanidade estão como nunca formando uma única entidade global. O sistema nervoso central é constituído pelos cérebros humanos e pelos sentimentos de pertença e de responsabilidade coletiva. Oxalá não se hão de produzir centros totalitários de comando e direção, mas uma rede de centros multidimensionais de observação, de análise, de pensamento e de direção.

Outrora a partir da geosfera surgiu a litosfera (rochas), depois a hidrosfera (água), em seguida a atmosfera (ar), posteriormente a biosfera (vida) e por fim a antroposfera (ser humano). Agora está surgindo uma etapa mais avançada do processo evolutivo que é a noosfera*. Noosfera como a palavra o diz (*nous* em grego significa mente e inteligência) expressa a convergência de mentes e corações originando uma unidade mais alta e mais complexa.

Não se trata do fim da história, mas do começo de uma nova história, da história da Terra unida com a humanidade (expressão consciente e amorizante da Terra). Ou da história da humanidade unida à Terra (como parte da própria Terra), formando juntas uma única entidade una e diversa, Gaia*, Pacha Mama*, Magna Mater.

A história avança através de tentativas, acertos e erros. Estamos vivendo nos dias atuais a idade de ferro da noosfera, com uma planetização feita sob a ditadura do econômico competitivo e do mercado capitalista não cooperativo. Eles produzem grandes exclusões e cobram imensos sacrifícios. São tentativas que comportam graves equívocos. Mas o ser humano aprende dos erros e se abre a tentativas menos sacrificantes e mais benéficas para todos.

Para tal modelo de noosfera conspiram todas as forças do universo. É em função desta convergência na diversidade que está marchando nossa galáxia e, quem sabe, todo o universo. No planeta Terra, minúsculo ponto azul-branco, perdido numa galáxia irrisória, num sistema solar marginal (há 27 mil anos-luz do centro da galáxia) cristalizou-se para nós a noosfera. Inicialmente de forma frágil e vulnerável, mas agora já carregada de irradiação, de sentido e de mistério. Noosfera que é a comunhão de mentes e corações dos seres humanos entre si, com a Terra, com o inteiro universo e com o Criador e o Atrator de todas as coisas.

Talvez sejamos apenas parte e parcela de um Corpo muito maior, uma brasa de um imenso Fogo sagrado que desborda nosso planeta, transcende nosso sistema solar e que arde em todo o universo. Somos, sim, tão somente uma chama tremulante, pequeníssima. Mas ela sozinha é mais forte e mais poderosa que todas as escuridões cósmicas. Só ela ilumina e desvela a Luz que irradia através e por sobre todo o Criado: a verdadeira realidade de Deus.

Bibliografia para aprofundamento

ALBERONI, F. *A gênese* – Movimento e instituição, teoria geral. Rio de Janeiro: Rocco, 1991.

_____. *Amor e enamoramento*. Rio de Janeiro: Rocco, 1988.

APPIAH, K.A. *Na casa de meu pai* – A África na filosofia da cultura. Rio de Janeiro: Contraponto, 1997.

ARAÚJO DE OLIVEIRA, M. *Ética e práxis histórica*. São Paulo: Ática, 1995.

_____. *Ética e sociabilidade*. São Paulo: Loyola, 1993.

ARENDT, H. *A condição humana*. Rio de Janeiro: Forense Universitária, 1997.

ASSMANN, H. *Metáforas novas para reencantar a educação*. Piracicaba: Unimep, 1996.

BEHE, M. *A caixa preta da bioquímica* – Crítica à teoria da evolução. Rio de Janeiro: Zahar, 1997.

BERRY, Th. *O sonho da Terra*. Petrópolis: Vozes, 1991.

BOFF, L. *O destino do homem e do mundo*. Petrópolis: Vozes, 1996.

_____. *Princípio-Terra* – A volta à Terra como pátria comum. São Paulo: Ática, 1995.

_____. *O evangelho do Cristo cósmico*. Petrópolis: Vozes, 1970.

BOURGUIGNON, A. *A história natural do homem*. Rio de Janeiro: Zahar, 1990.

BRANDÃO, C.R. *A cultura na rua*. São Paulo: Papirus, 1989.

CAPRA, F. *A teia da vida*. São Paulo: Cultrix, 1997.

CARR, E.H. *O que é história?* Rio de Janeiro: Paz e Terra, 1976.

CHARDIN, P.T. de. *O fenômeno humano*. São Paulo: Cultrix, 1988.

_____. *Ciência e Cristo*. Petrópolis: Vozes, 1975.

CHAUNU, P. *Conquista e exploração dos novos mundos (século XVI)*. São Paulo: Pioneira, 1984.

CLARK, G. *A identidade do homem* – Uma exploração arqueológica. Rio de Janeiro: Zahar, 1985.

CLARKE, R. *Do universo ao homem*. Lisboa: Edições 70, 1988.

DALLE NOGARE, P. *Humanismos e anti-humanismos*. Petrópolis: Vozes, 1988.

DaMATTA, R. *Explorações. Ensaios de sociologia interpretativa*. Rio de Janeiro: Rocco, l996.

_____. *Relativizando* – Uma introdução à antropologia social. Rio de Janeiro: Rocco, 1990.

_____. *A casa & a rua*. Rio de Janeiro: Guanabara, 1987.

_____. *Ensaios de antropologia estrutural*. Petrópolis: Vozes, 1977.

_____. *Ensaios de antropologia estrutural*. Petrópolis: Vozes, 1973.

FERRIS, T. *O céu da mente* – A inteligência humana num contexto cósmico. Rio de Janeiro: Campus, 1996.

FREI BETTO. *Teilhard de Chardin* – Sinfonia universal. São Paulo: Letras & Letras, 1992.

GEERTZ, C. *A interpretação das culturas*. Rio de Janeiro: Zahar, 1978.

GLEICK, J. *Caos* – A criação de uma nova ciência. São Paulo: Campus, 1989.

GLEISER, M. *A dança do universo* – Dos mitos da criação ao big bang. São Paulo: Companhia das Letras, 1997.

GUTH, A.H. *O universo inflacionário*. Rio de Janeiro: Campus, 1997.

JOHNSON, G. *Fogo na mente* – Ciência, fé e a busca da ordem. Rio de Janeiro: Campus, 1997.

KAPLAN, D. & MANNERS, R.A. *Teoria da cultura*. Rio de Janeiro: Zahar, 1981.

LARAIA, R.B. *Cultura* – Um conceito antropológico. Rio de Janeiro: Zahar, 1986.

LÉVI-STRAUSS, C. *As estruturas elementares do parentesco*. Petrópolis: Vozes, 1976.

LOVELOCK, J. *As eras de Gaia* – A biografia da nossa Terra viva. Rio de Janeiro: Campus, 1991.

MARITAIN, J. *Sobre a filosofia da história*. São Paulo: Herder, 1962.

MARX, K. *Manuscritos econômico-filosóficos e outros textos escolhidos*. São Paulo: Abril Cultural, 1974.

MATURANA, H. & VARELA, F. *A árvore do conhecimento*. Campinas: Psy II, 1995.

MOSCOVICI, S. *Sociedade contra natureza*. Petrópolis: Vozes, 1975.

NIEBUHR, H.R. *Cristo e cultura*. Rio de Janeiro: Paz e Terra, 1967.

NOVELLO, M. *O círculo do tempo*. Rio de Janeiro: Campus, 1997.

PEÑA, J.R. de la. *As novas antropologias*. São Paulo: Loyola, 1988.

POERSCH, J.L. *Evolução e antropologia no espaço e no tempo*. São Paulo: Herder, 1972.

RADCLIFFE-BROWN. *Estrutura e função da sociedade primitiva*. Petrópolis: Vozes, 1976.

RIBEIRO, D. *O processo civilizatório*. Petrópolis: Vozes, 1983.

RIBEIRO, H. *Ensaios de antropologia cristã*. Petrópolis: Vozes, 1995.

ROBERT, J.M. *Compreender o nosso cérebro*. Lisboa: Edições 70, 1983.

RUBIO, A.G. *Unidade na pluralidade*. São Paulo: Paulinas, 1989.

SAHLINS, M. *Cultura e razão prática*. Rio de Janeiro: Zahar, 1979.

SKLAIR, L. *Sociologia do sistema global*. Petrópolis: Vozes, 1995.

SMULDERS, P. *A visão de Teilhard de Chardin*. Petrópolis: Vozes, 1969.

SUESS, P. *Culturas e evangelização*. São Paulo: Loyola, 1991.

ULLMANN, R.A. *Antropologia*: o homem e a cultura. Petrópolis: Vozes, 1991.

VÁRIOS. *As culturas e o tempo*. Petrópolis: Vozes, 1975.

VELHO, G. *Individualismo e cultura*. Rio de Janeiro: Zahar, 1981.

VERHELST, T. *O direito à diferença*. Petrópolis: Vozes/Iser, 1992.

WEBER, M. *História Geral da Economia*. São Paulo: Abril Cultural, 1980 [Os Pensadores].

WERNER, D. *Uma introdução às culturas humanas*. Petrópolis: Vozes, 1987.

WILSON, E.O. (org.) *Biodiversidade*. Rio de Janeiro: Nova Fronteira, 1997.

4
A águia e a galinha, o sim-bólico e dia-bólico na construção do humano

Homem vem de *humus* que significa terra fecunda. Adáo, *Adam*, em hebraico, "criatura humana feita de terra", provém de *adamá* que quer dizer mãe-Terra. O ser humano é filho e filha da mãe-Terra. Ele é a Terra em seu momento de consciência, de responsabilidade e de amor. Estas palavras, *Homo-humus*, *Adam-adamá*, já apontam para a estreita relação do ser humano para com a Terra e através da Terra para com os seres vivos e todo o universo.

1. A carteira de identidade do ser falante

A história de cada pessoa é parte da história bio-sócio--cultural. Esta, por sua vez, é parte da história cósmica. Esse enraizamento faz com que quatro forças entrem na constituição de sua identidade complexa: a cósmica, a biológica, a cultural e a pessoal.

Uma é a *cósmica*: somos feitos daquelas partículas elementares que têm a idade do universo (15 bilhões de anos) e daqueles materiais forjados há bilhões de anos no interior das grandes estrelas vermelhas, especialmente os átomos de carbono, de oxigênio, de silício e de nitrogênio imprescindíveis à vida. Segundo informações do Tycho Brahe Planetarium de Copenhague, cada dia caem cerca de 30 toneladas de poeira cósmica sobre a Terra. Na Groenlândia pode ser vista e recolhida da neve junto com a poeira terreste (com 2/3 de pureza). Bilhões destas partículas entram na composição de nosso próprio corpo, partículas que podem ser mais antigas que a própria Terra e o sistema solar.

Outra força é a *biológica*: surgimos a partir de formas primitivas de vida que se anunciaram na Terra há mais de 3 bilhões de anos com todos os seus componentes físico-químicos, morfogenéticos* e ecológicos. Essas formas foram se complexificando até aparecerem os homínidas bípedes com uma capacidade imensa de relacionamentos que lhes permitiram implementar seu entendimento. Acresce ainda a formação de um cérebro de 600 centímetros cúbicos, capaz de elaborar as primeiras sínteses dos conhecimentos. Com tal capacidade de conhecimentos e de ordenações, eles podiam, rudimentarmente, construir linguagens, símbolos, representações da realidade e fabricar utensílios e abrigos. Com o evoluir da espécie homínida emergiu, por fim, o *homo sapiens* com um cérebro de 1.500 centímetros cúbicos, do qual nós somos descendentes diretos. Ele não rompeu a linha evolutiva nem perdeu a herança acumulada de toda a trajetória anterior da vida. Prolongou e conferiu uma forma avançada à tradição biológica dentro da qual sempre se situa o ser humano.

A partir do surgimento dos mamíferos há 216 milhões de anos, incorporou o calor afetivo que une mãe/pai/filhos.

Soube estendê-lo para um círculo maior na forma de enternecimento, de amizade e de amor.

É nesse nível que aparece a singularidade do ser humano, homem e mulher. Ela reside em sua capacidade de falar e de ser um nó de relações vitais e reflexas, ilimitadas. Ele é um ser falante e ao mesmo tempo desejante. Mas fundamentalmente é pela fala que ele marca o patamar da hominização. A fala é um fenômeno do caráter social e comunitário do ser humano. Sua sociabilidade veio preparada pelos insetos e animais gregários como os primatas superiores (babuínos, chimpanzés e gorilas). Cerca de 98% de sua carga genética nuclear coincide com a do ser humano.

A transformação estrutural dos hominídeos até a sua plena hominização se perde na penumbra de milhões de anos. Não há fósseis que nos permitam reconstruir o momento da emergência da singularidade humana, a linguagem. Ela, provavelmente, relaciona-se à vida comunitária e social, pois coletavam alimentos em grupo e repartiam-nos socialmente. Laços afetivos e interpessoais estreitavam a cooperação entre eles.

O entendimento não surge simplesmente porque há um centro nervoso cerebral. O entendimento está ligado ao processo biológico, feito de inter-retro-relações de todos com todos, com troca de informações e estabelecimento de laços de reciprocidade e de comunhão. Todo esse processo vital constitui um aprendizado. O ser humano se insere nesse processo. Sua singularidade consiste em poder falar e pronunciar o mundo. A fala é a maneira de ordenar e dar significação ao mundo. A fala cria o mundo. O olho que vê e fala o mundo, é o mundo que o olho vê e fala.

A partir da fala surge a reflexão e a consciência, como capacidade de descrever a si mesmo, perceber regularidades, discernir mutações e de continuamente construir símbolos e significações junto com outros. O ser humano habita significações feitas a partir de sua interação e comunhão com o real circundante. Essa construção é constitutivamente social. O mundo é sempre construído com os outros. Por isso surge de um ato coletivo de sinergia e de amor. Excluir alguém do mundo é fazer violência ao dinamismo da vida que sempre se constrói pelo jogo das interações e pela criatividade (autopoiese, antropoiese*); os seres humanos estão sempre entrelaçados e envolvidos uns nos outros. Eis a base biológica de toda socialidade e de toda relação de amizade e amor.

Bem asseveraram, em seu famoso livro *A árvore do conhecimento*, Maturana/Varela: "Descartar o amor como fundamento biológico do social, assim como as implicações éticas do amor, seria negar tudo que nossa história de seres vivos, de mais de três bilhões de anos e meio de idade, nos legou [...]. Só temos o mundo que criamos com o outro; só o amor nos permite criar esse mundo em comum" (p. 264).

Esse amor nos faz ver a unicidade da vida na imensa pluralidade de suas manifestações. Nós seres humanos somos um elo desta cadeia da vida. Nunca nos é permitido esquecer a cadeia, pois o elo considerado em si mesmo perde sentido porque perde sua re-ligação e seu lugar no conjunto dos demais seres vivos.

Em terceiro lugar temos a força da *cultura*: o ser humano criou a cultura, realidade especificamente humana. Criou-a a partir de suas falas que lhe abriram a possibilidade de intervir sobre si mesmo e sobre a natureza. Essas intervenções permitiram que criasse o *habitat* humano que os gregos, com justeza, chamavam de *ethos*. *Ethos* em grego, de onde vem a palavra ética, é a morada humana enquanto humana. Quer dizer, aquele pedaço do mundo que escolhemos cuidadosamente, demos-lhe um nome, organizamo-lo e nele construímos nossa habitação permanente.

Intervir é trabalhar. O trabalho junto com a linguagem é um dos meios maiores de forjamento da cultura. Ele não só cria instrumentos e aparatos tecnológicos para transformar a natureza, mas também suscita linguagens, conteúdos da consciência, formas de sentir, de valorar, de relacionar-se psicológica e socialmente com os outros. Pertence ao trabalho cultural a criação de linguagens, ideias, mitos, artes, etnias, organizações sociais como a cidade, os estados-nações e hoje a planetização. Cada cultura projetou seu grande sonho para cima e testemunhou seu encontro com o Mistério que se esconde e se revela no universo e em cada coisa. Chamou-o por mil nomes: Olorum da cultura nagô, Javé da cultura hebraica, Alá da cultura muçulmana, Tao da cultura chinesa e japonesa, Pai e Mãe divinos da cultura cristã. Tudo na cultura leva a marca registrada do ser humano que vem marcado também por ela.

Por fim temos a força da própria *pessoa*: cada um possui um nome próprio, uma descrição de si mesmo, porque cada um representa um ponto onde termina e se compendia o processo evolutivo. Pelo fato de ser falante, reflexivo e consciente, cada um faz uma síntese singular, única, irrepetível de tudo o que capta, sente, entende e ama. Com os materiais acumulados em seu inconsciente coletivo e com aqueles recolhidos em seu consciente, constrói uma leitura e apreciação que só ele e ninguém mais pode fazer. Ele se auto-organiza (autopoiese) e também se autorregula no contexto da auto-ordenação social. Por isso cada pessoa humana representa um absoluto concreto. Ela é a ponta da pirâmide para onde convergem todas as linhas ascendentes da evolução. Cada um está no topo. Em razão disso se entende a dignidade humana. Entende-se também a afirmação dos filósofos que ensinam: o ser humano singular é um fim em si mesmo e não pode ser meio para nada.

Tal afirmação não deve levar a pessoa à arrogância nem reforçar o antropocentrismo, tão criticado anteriormente, como se ela fosse o centro do universo. A ponta da pirâmide não está isolada. Está unida a toda a pirâmide, com a intrincada teia de solidariedades e interdependências. O ser humano procede da cadeia da vida. Deve-se entender sempre cósmico-bio-sócio-antropologicamente.

Assim como na nossa carteira de identidade estão inscritos os nomes de nosso pai, de nossa mãe e de nosso lugar de origem, assim também aqui, na nossa complexa carteira de identidade humana, aparecem os nossos quatro enraizamentos: o cósmico, o vital, o cultural e o pessoal.

Somos efetivamente um microcosmos. Não precisamos ter vergonha de nossas múltiplas raízes. Ao contrário, temos razões de orgulho de nossa mestiçagem universal. Precisamos humildemente acolher nosso bilionário processo de fazimento. Saudar a imensa riqueza cósmica que em nós deságua e que ganha um perfil pessoalíssimo em cada indivíduo. Ele surge sempre como um mar de interrogações, um amazonas de desejos e um oceano de utopias.

Hoje, graças à civilização tecnológica, aprofundamos ainda mais o nosso enraizamento, seja na dimensão micro seja na dimensão macro. Estamos deixando a Terra e lançando-nos para os espaços celestes.

Sim, algo nosso, como a nave espacial Voyager 2, já virou corpo interestelar, pois ultrapassou os confins do sistema solar. Libertada das forças gravitacionais de nosso sistema, viajará, se nada acontecer, por mais de um bilhão de anos ao redor do centro da via láctea. Carrega dentro de si um disco fonográfico de ouro contendo nele e no seu invólucro dourado saudações em 59 línguas humanas; uma em língua de baleia; um ensaio sonoro de doze minutos que inclui um beijo, um choro de bebê e o registro eletrencefalográfico das emoções de uma jovem apaixonada; 116 imagens codificadas sobre nossa ciência, sobre nossa civilização e sobre o ser humano; e noventa minutos dos maiores sucessos musicais da Terra, desde músicas primitivas, passando por Bach e Stravinski até os *blues* modernos. Algo nosso se perenizou no universo.

Se um dia a nave for abordada por seres inteligentes de outros mundos, eles poderão saber da história dos humanos deste minúsculo planeta Terra do sistema solar. Talvez a Terra e a humanidade possam já ter desaparecido. Ou pela evolução nossa espécie possa ter-se transformado em outra. Permaneceu, entretanto, a Voyager como um sacramento da Terra. Sem qualquer intencionalidade agressiva, ela mesma significa uma mensagem de comunhão, uma busca respeitosa de relação com outros eventuais companheiros de aventura cósmica.

2. O ser humano, o último a chegar no cenário da história

De saída devemos renunciar a qualquer arrogância ou pretensão de privilégio ou de domínio. Não assistimos ao nascimento do universo. Não é a Terra para nós. Nós somos para a Terra. Ela não é fruto de nosso desejo. Nem precisou de nós para produzir sua imensa complexidade e biodiversidade. Nós somos resultado de processos cósmicos, planetários e biológicos anteriores ao nosso aparecimento. Somos os últimos a chegar. Entramos em cena quando já haviam transcorridos 99,98% da história do universo.

Há 3,8 bilhões de anos nossos antepassados eram micróbios nas fendas profundas dos oceanos. Há meio bilhão de anos éramos peixes. Há 235 milhões de anos éramos dinossauros. Há 150 milhões de anos éramos pássaros. Há 10 milhões de anos éramos primatas pulando alegremente de galho em galho nas florestas africanas. Há um milhão de anos éramos já plenamente humanos tentando domesticar o fogo. Há 100 mil anos enterrávamos com rituais e flores nossos mortos. Há 40.000 anos já nos comunicávamos com as linguagens elaboradas. Há 10.000 anos fazíamos as primeiras plantações e domesticávamos cachorros e galinhas. Desde aquela época a galinha ficou confinada nos galinheiros e virou expressão de uma dimensão humana, da história e do universo, como viemos refletindo ao longo de nosso livro.

Viemos desta longa história. Como a vida emergiu da Terra, assim o ser humano emergiu da vida. Somos parentes e consanguíneos de todos os seres e viventes do planeta. Entre os humanos e os chimpanzés há, por exemplo, 99,6% de genes ativos em comum. A versão humana do cromossomo o difere da do macaco reso por um único aminoácido. Das versões do cachorro, da rã, do bicho-da-seda e do trigo por 11, 18, 43 e 53 aminoácidos respectivamente. Poderia haver um parentesco maior entre as espécies que esta? Os primatas superiores não são apenas nossos ancestres. São nossos primos-irmãos junto com os demais seres vivos.

Mas estes quatro décimos de diferença e esse único aminoácido fazem toda a diferença. Precisamos deter-nos nela, pois aí emerge o humano da humanidade. Já vimos acima que ele reside na linguagem que se desdobra na reflexão e na consciência. Aprofundemos, sucintamente, essa perspectiva.

3. O espírito: primeiro no cosmos depois na pessoa

A linguagem com seus domínios linguísticos se desdobra em reflexão e em autoconsciência mediante as quais o ser humano cria o mundo junto com os outros. Nesse processo, mostra autodeterminação, capacidade de responsabilizar-se e de assim revelar-se um ser ético. Capaz até de tomar decisões em sua desvantagem para defender desvalidos. Demonstra capacidade de compaixão, de enternecimento e de comunhão com todos os seres a ponto de sentir-se um com eles. Põe à luz sua capacidade de criação pela qual modifica seu mundo circundante. Por fim deixa entrever uma abertura ilimitada ao mundo, à cultura e ao infinito. O ser humano é tudo isso e ainda mais. Pois é habitado por uma paixão insaciável que não encontra no universo nenhum objeto que lhe seja adequado e que o faça repousar. Ele é um projeto infinito.

Todas estas determinações podem ser resumidas pela palavra espírito. O ser humano é um portador singular do espírito. Mas não o único como logo veremos.

Para entendermos o espírito precisamos ir além das duas compreensões: a clássica e a moderna. A clássica diz que o espírito é um princípio substancial, parte do ser humano ao lado do outro, a matéria, que é seu corpo. Seria o lado imortal, vital, inteligente, capaz de amor e de transcendência. Convive por um determinado tempo com o lado mortal, opaco e pesado: o corpo. A morte separa um do outro. O corpo volta à terra. O espírito regressa ao céu. Esta visão é dualista e não responde pela unidade concreta do ser humano. Todo inteiro vivo e aberto, todo inteiro com um desejo de eternidade para o corpo e para o espírito.

A concepção moderna diz que espírito não é uma substância, mas o modo de ser singular do homem/mulher, cuja essência é a liberdade. Ele seria o portador exclusivo da dimensão espírito. Com certeza o espírito no ser humano é liberdade. Pela liberdade ele se constrói a si mesmo (autopoiese) e plasma o mundo. Mas o espírito humano não pode ser compreendido desconectado do processo cosmogênico, do espírito na natureza, na história e no cosmos. Ele não pode ficar ilhado como uma realidade à parte sem relação com o processo global que se apresenta como um sistema aberto e marcado pela indeterminação, pela criação contínua e pela auto-organização.

Há a concepção contemporânea de espírito, elaborada a partir da nova cosmologia, como sucintamente apresentamos no capítulo segundo. Essa é a que assumiremos. Segundo ela, o espírito se encontra dentro do imenso processo da evolução ascendente. Aí dentro, o espírito foi se constituindo e ganhando crescente emergência e autoconsciência até implodir e explodir numa concretização singular que chamamos de espírito humano.

O espírito possui uma ancestralidade como aquela do universo. Daí a importância de partirmos, primeiramente, do espírito em sua dimensão cósmica. Daí veremos uma realização singular no espírito humano. Que é então o espírito?

Na perspectiva cosmogênica entendemos por espírito a capacidade das energias primordiais e da própria matéria de interagirem entre si, de se autocriarem (autopoiese), de se auto-organizarem, de se constituírem em sistemas abertos, de se comunicarem e de formarem teias complexíssimas de inter-retro-relações que sustentam o inteiro universo. O espírito é fundamentalmente relação, interação e auto-organização em distintos graus de concretização. Desde o primeiro momento da explosão primordial, criaram-se relações e interações, gestando unidades ainda rudimentares que foram se organizando de forma sempre mais complexa. Emergia então o espírito. O espírito é a atividade autocriadora e auto-organizadora de todo o universo, das energias e da matéria. Tal perspectiva foi descrita genialmente pela "teoria de Santiago" (Chile), dos professores Maturana e Varela.

O universo é cheio de espírito porque é reativo, panrelacional, auto-organizativo e complexo. Neste sentido não há seres inertes, à diferença de outros chamados seres vivos. Todos participam, em seu grau, do espírito e da vida. A diferença entre o espírito de uma rocha e o espírito humano não é de princípio, mas de grau. O princípio de relação, de interação e de auto-organização complexa se realiza em ambos, apenas de forma diferente.

O espírito humano é este mesmo dinamismo tornado falante. E a partir daí reflexivo e consciente. Sente-se inserido no todo e vinculado a uma parte do universo, isto é, ao corpo animado e vivificado. Através desse corpo entra em contato com todos os demais corpos e energias do universo. Por ele e não apenas pela mente conhece os outros e a si mesmo. No nível reflexo espírito significa comunicação, irradiação, entusiasmo. Significa também criação e autotranscendência para além dele mesmo, gestando comunidade com o mais distante e o mais diferente, até com a absoluta Alteridade, Deus. O homem/mulher-espírito é o que de mais aberto e de mais universal existe. É um dicionário falante ilimitado, um nó de relações e re-ligações para todos os lados e dimensões por onde organiza morfogeneticamente o conhecimento. A vida consciente, livre, criadora, amorizadora caracteriza a vida humana. É o espírito. É a águia na pujança de sua natureza de águia. É o sím-bolo em sua verdadeira acepção de ligar e re-ligar.

Se o espírito é vida e relação, seu oposto não é matéria, mas morte e ausência de relação. Pertence ao espírito também sua capacidade de encapsulamento, de recusa à comunicação com o outro, sua vontade de dominação. Mas nunca o consegue totalmente, porque viver, mesmo negando-se a con-viver, implica sempre estar conectado e conectar-se. A águia pode virar galinha sem nunca perder sua natureza essencial de águia. É o império do dia-bólico como energia de desestruturação e morte, como caos generativo de decomposição.

4. A subjetividade é cósmica e pessoal

Os seres todos do universo, quanto mais complexos, mais vitais se apresentam. E quanto mais vitais, também mais interioridade e subjetividade possuem. Esta interioridade e subjetividade vai, por sua vez, densificando-se até atingir um grau eminente no ser humano. Ele possui um centro a partir do qual organiza toda sua vida consciente. Possui profundidade, dimensão ameaçada de desaparecer na cultura materialista de consumo e de massas. Seu eu consciente dialoga com o seu eu profundo. Tão complexo quanto o macrocosmos é o microcosmos interior do ser humano. Vem habitado por energias ancestrais, por falas arqueológicas, por visões e arquétipos abissais, paixões, eventualmente tão virulentas quanto tufões e terremotos. Habitado por anjos e demônios, pelo sim-bólico e pelo dia-bólico, por tendências de ternura e compaixão que podem enxugar qualquer lágrima e desanuviar qualquer abatimento.

Escutar esta fala interior, dialogar com este universo íntimo, integrá-lo a partir de um centro pessoal e livre, canalizar as pluriformes energias, particularmente ligadas à libido, aos arquétipos do masculino, do feminino e do *self,* harmonizar o sim-bólico com o dia-bólico num projeto coerente, autônomo e revelador da pessoa é realizar o processo de individuação/personalização.

Assumir este processo é conferir ao espírito de cada pessoa humana um perfil singular e único. Significa construir a sua própria espiritualidade. Esta espiritualidade pertence à autoconstrução humana, mesmo quando não vem enquadrada num marco religioso. Ela pertence à caminhada de cada um, rumo à escuta e à conquista de seu próprio coração. Obviamente, para uma pessoa religiosa, dialogar com sua realidade profunda, escutar os apelos que afloram de seu centro significa ouvir Deus e obedecer à sua Palavra.

5. Qual a missão do ser humano no universo?

As reflexões que vertebramos acima naturalmente nos colocam a pergunta: Qual o sentido do ser humano no conjunto dos seres e no universo?

Vamos logo avançando: certamente ele não foi chamado à existência para dominar, ameaçar e destruir as demais espécies como o faz atualmente e o fizeram os dinossauros outrora. Seria ir contra o sentido da seta do tempo que se rege pela lei mais universal existente: a solidariedade cósmica. Ele é membro, entre outros tantos, da imensa comunidade universal, planetária e biótica.

Por ser portador singular do espírito que pervade todas as coisas, é chamado a proferir a grande fala. Cabe a ele tornar consciente a presença inefável de Deus no universo. Ele sempre estava lá, antes do *big-bang,* no coração do núcleo originário de energia primordial, depois do *big-bang,* em todas as ascensões, em todas as bifurcações, em todas a dizimações, em todas as ordens e sinergias universais. Ele estava lá com seu poder e ternura. Agora, com o ser humano, Ele emerge na fala e assim na consciência e na reflexão. Eis a primeiríssima missão do ser humano-falante: proferir a palavra reveladora daquela Presença que pervadia o universo e cada uma de suas manifestações.

E então, agradecer, celebrar e louvar a indescritível irradiação que se deriva desta Presença, em forma de beleza e de simetria dinâmica da criação. Imbuído desta Suprema Realidade se sente capaz de fazer do caos e do dia-bólico condição para um cosmos mais rico e mais sim-bólico.

A tradição judeu-cristã fala do sábado como o descanso da criação. Os seis dias da criação representam o trabalho de Deus. No sábado Ele mesmo descansou, alegrou-se e festejou o resultado de sua ação criadora. O descanso é a plenitude do trabalho e da criação.

Esse relato sim-bólico oferece uma indicação para o ser humano. Há seis dias para trabalhar e produzir. Mas há o dia da gratuidade, do ócio, da festa e da dança. O trabalho é penoso e divide as pessoas por seus vários interesses e distinta repartição de seus frutos. No sábado todos devem olvidar estas diferenças e colocar-se no mesmo chão, iguais e confraternizados, como filhos e filhas da Terra, e irmãos e irmãs universais. Neste dia não cabe produzir, nem obras, nem pensamentos, nem estruturar interesses. Importa festejar, comer, dançar e extasiar-se juntos, na grande comunidade humana, social e cósmica.

Ao viver esta dimensão, o ser humano comparte da profunda gratuidade do universo. Cumpre sua missão cósmica na esteira da festa do próprio Deus. Quando regressa ao cotidiano, trabalhará sem sentir-se escravizado por ele ou vítima da lógica da produtividade.

Por seu espírito e por sua autoconsciência, o ser humano se mostra sempre concriador. Ele intervém no seu mundo circundante. Adapta-se a ele e o adapta ao seu projeto. Ele se faz responsável pelo sentido de sua liberdade e de sua criatividade. Emerge então como um ser ético. Ele pode agir com a natureza ou contra ela. Pode desentranhar virtualidades presentes em cada coisa e em cada ecossistema. Conhecendo as leis da natureza, ele pode usar esse conhecimento para prolongar a vida, reduzir e até anular a entropia dos processos evolutivos. O futuro da Terra dependeria assim do ser humano.

As tradições dos povos e o Gênesis falam do ser humano como jardineiro. Cultiva a terra com cuidado e senso de estética. É um verdadeiro culto que gera cultura. Ele é chamado a completar a criação deixada incompleta; a acrescentar-lhe dimensões que possivelmente sem ele jamais viriam à luz. Tal vocação não deve servir de pretexto para o antropocentrismo* e a ideologia da dominação do mundo. Sua intervenção no mundo deve ocorrer sem sacrificar a comunidade planetária e cósmica da qual participa. Ele é vocacionado para ser o *sim-bolo*s e não o *dia-bolos* da criação.

Ele tem ainda a missão de médico da Terra. Historicamente se mostrou demente. Ameaçou, desestruturou e matou. A máquina que mata pode também salvar. Somos chamados a revitalizar, a animar e a reintegrar o que foi durante séculos agredido, ferido e desestruturado. Não podemos, numa atitude obscurantista, dar as costas à ciência e à técnica e entregar a Terra às suas chagas e enfermidades. Se a ferimos outrora e continuamos a magoá-la, devemos hoje saná-la e dar- lhe condições de saúde integral. As soluções terapêuticas devem inspirar-se em muitas fontes e tradições curativas ensaiadas pelos povos dos mais originários aos mais contemporâneos. Nesse afã não devemos desprezar o concurso de nossa civilização técnico-científica, apesar de ter sido ela a principal causadora de seus traumatismos.

Por fim nossa civilização tecnológica, tão sim-bólica quanto dia-bólica, suscita uma pergunta radical: Qual é seu significado mais transcendente? A que ela, finalmente, se ordena? À dominação da Terra? A fazer-nos apenas mais ricos materialmente, ao preço de ficarmos mais pobres espiritualmente porque mais alienados de nossas raízes vitais e cósmicas? Ao responder a estas indagações, surge outro aspecto da missão humana: a de salvar a Terra e a própria espécie *homo*.

Importa reconhecer os inestimáveis méritos da civilização tecnológica. Foi ela que nos permitiu sair da Terra. Avançar para dentro do espaço exterior. Levar humanos à Lua e robôs a Marte. Mediante sondas, satélites e telescópios acoplados a estações orbitais, conseguimos estudar quase todos os planetas e luas do sistema solar. Esta civilização tecnológica propiciou a realização de uma das aspirações mais ancestrais da humanidade: poder voar como os pássaros; poder viajar até onde é possível ir.

Até onde podemos ir? Até o sem-fronteiras. Para além do Sol, das estrelas, das galáxias e do inteiro universo. Até o infinito. Pois até lá chega nosso sonho e nosso desejo. E não voamos porque temos aviões e foguetes espaciais. Voamos porque ansiamos voar. É por causa desta sede irreprimível de voar que criamos o avião e os foguetes. É a águia em nós que nos convoca sempre mais para cima e sempre mais para o alto.

A aventura espacial, iniciada nos anos 1960, revela a dimensão cósmica do projeto humano. Ela nos fornece uma compreensão mais concreta do radical desejo humano de sempre transcender, de violar todas as barreiras e de só satisfazer-se com o infinito.

O céu profundo, acima de nossas cabeças, é o maior sím-bolo desta transcendência. Por isso os seres humanos querem chegar lá. Bem o expressou o astronauta russo Yuri Romanenko ao retonar à Terra depois de ter ficado dois anos no espaço: "O cosmos é um ímã. Depois de ter estado lá em cima, você só pensa em voltar para lá". Queremos voltar para o céu porque somos mais do que filhos e filhas da Terra. Somos, na verdade, seres celestiais e cósmicos. Do cosmos viemos e para o cosmos queremos consciente e inconscientemente voltar. Sempre fomos errantes. A partir do neolítico ficamos, por breve tempo, sedentários em moradias, cidades e estados. Agora retomamos nossa errância rumo às estrelas, nossa verdadeira morada. Os materiais que nos constituem não foram formados no seio das grandes estrelas vermelhas há bilhões de anos?

Mas não é a nossa origem estelar que explica a exploração do espaço acima de nossas cabeças. É por uma razão bem mais prática: sentimos a urgência de sobreviver como espécie.

Primeiramente, o desenvolvimento exponencial do projeto técnico-científico deu origem ao princípio de autodestruição. Pela primeira vez na história, nossa espécie pode dizimar-se a si mesma. É natural que as pessoas não queiram aceitar esse eventual veredicto de morte. Os que podem, querem fugir para o espaço, bem longe da casa em chamas.

Em segundo lugar, as ciências da Terra nos forneceram dados bastante precisos dos impactos que o planeta sofreu, durante o tempo de sua formação. Algumas vezes quase todo o seu capital biológico foi destruído, como, por exemplo, no período cretáceo-terciário, 67 milhões de anos atrás. Desaparecem, então, num curto lapso de tempo, os dinossauros. Curiosamente, constatou-se que, todas as vezes que ocorreram dizimações em massa na biosfera, seguiu-se uma proliferação fantástica de novas formas de vida. É uma espécie de *vendetta* do sistema-vida. A vida quer mais vida.

Sabemos hoje que existem próximos à Terra cerca de 300 mil asteroides com mais de 100 metros de diâmetro. E mais de 2.000 com um quilômetro ou mais. Na nuvem de Oort, nos confins do sistema solar (entre 20 a 100 mil unidades astronômicas), existe mais de um trilhão de meteoros, asteroides e cometas, alguns muito grandes. De vez em quando saem de lá, por razões gravitacionais ainda não esclarecidas, e colidem com os planetas solares. Nenhum planeta e nem a Terra são imunes contra eles. Caindo aqui fariam estragos formidáveis. Alguns deles, dizem renomados cientistas, poderiam destruir-nos.

Se desaparecer, nossa espécie *homo* seguramente será substituída por uma outra, inteligente e, esperamos, mais sábia. Será algum ramo direto da espécie *homo* ou de algum ser complexo de outra linhagem. Biólogos constataram que na árvore da vida, especialmente a partir do surgimento dos animais, verifica-se uma crescente complexificação morfogenética e forte pressão seletiva. Propiciam-se destarte teias de conhecimento mais ricas e a criação de redes neuronais cada vez mais complexas, terminando no cérebro humano. Esse processo se mantém. Ele será responsável pelo tipo de inteligibilidade e de amorização humanos que emergirá como emergiu outrora. Mesmo atualmente, ele leva a humanidade a evoluir na direção de um superorganismo planetário. Tende a fazê-la mais societária, mais comunitária, mais solidária e cooperativa.

O perigo de uma hecatombe biológica é permanente. Em função da salvaguarda da Terra e da biosfera estudam-se hoje tecnologias de deflexão (desvio de rota) dos asteroides. Ou até a ocupação deles por humanos. Criar-se-iam lá condições de vida artificial, aproveitando materiais utilizáveis como os gelos e outros elementos físico-químicos e orgânicos de que são abundantes. E se alteraria sua trajetória para não danificar os planetas solares.

Outros aventam, seriamente, a possibilidade de os seres humanos começarem a terraformar (criação de condições adequadas para a vida, semelhantes às da Terra) os planetas vizinhos, especialmente Marte, a lua de Netuno, Tritão, e a de Saturno, Titã. Aí se desenvolveria parte da humanidade sob condições técnicas favoráveis. Assim os ovos não estariam todos numa mesma cesta. Caso houvesse algum cataclismo na Terra, salvar-se-ia uma porção da humanidade, para dar continuidade ao projeto humano. Tal como na arca de Noé, não se salvariam apenas humanos, mas também outros companheiros da comunidade biótica, micro-organismos, plantas e animais.

O sonho alcança mais longe. Com os avanços tecnológicos crescentes, deve-se pensar em viagens siderais. Elas adentrariam a via láctea em busca de outros sistemas estelares, possuidores de planetas habitáveis. Há cerca de centenas de milhares de milhões destes na nossa galáxia.

O ser humano se autoconstruiria diferentemente, quem sabe integrando em seu corpo computadores, silicone e outros materiais acoplados ao sistema vital e organísmico. Teria superado de vez a visão antropocêntrica e etnocêntrica. Sentir-se-ia realmente um ser cósmico. Faria sua autopoiese com os mais diferentes materiais orgânicos e inorgânicos. Mas sempre no sentido de potenciação de seu ser-homem. Lá fora, em tais paragens cósmicas, desenvolver-se-ia, gerando culturas diferentes, certamente outro tipo de pessoas, todas versadas em altas tecnologias como nós hoje somos versados no alfabeto ou nas tecnologias dos aparelhos domésticos. Tais pessoas lembrar-se-ão talvez, como diz o cosmólogo Carl Sagan († 1996), de seus ancestrais quase míticos que na segunda metade do século XX, no terceiro planeta do sistema solar, a Terra, aventuraram-se pela primeira vez pelo mar-oceano dos espaços sidéreos. Sorrirão, com admiração e amor por nós.

Cresce mais e mais esta consciência: ou prolongamos a aventura dos voos espaciais ou corremos o risco de destruir--nos por nós mesmos, ou de sermos destruídos por algum impacto vindo de fora. Os projetos espaciais norte-americanos, russos e europeus estariam a serviço do inconsciente coletivo da humanidade. De forma antecipatória e prognóstica, o ser humano pressentiria um eventual cataclismo, capaz de interromper a aventura humana na Terra.

Importa ouvir o chamado do inconsciente coletivo, esse grande e sábio ancião que fala dentro de nós, e associá-lo ao outro chamado que vem da ciência moderna, feita com consciência. Esta nos conclama a entender mais radicalmente nossa missão que é: salvar nossa espécie, junto com representantes de outras espécies, proteger nosso belo planeta contra ameaças de asteroides fatais ou de quaisquer outros perigos vindos dos espaços siderais.

A missão do ser humano alcança mais longe ainda: ao terraformar outros planetas, cabe a ele disseminar vida em toda a sua diversidade. Pelo fato de haver recebido a vida, como dom maior da cosmogênese, deve ele dar vida aos outros. Transportada a outros mundos, a vida fará seu curso. Resistirá às situações adversas. Adaptar-se-á ao ambiente. Criará para si um meio ambiente adequado, como criou um dia a biosfera sobre a Terra. Complexificar-se-á e gerará espécies talvez nunca dantes havidas, todas cheias de propósito e de vitalidade.

Essa missão radical do ser humano – o de disseminador de vida no universo – nos recordará a frase daquele que se entendeu como o Filho do Homem e que, ao seu tempo, disse: "Eu vim trazer vida e vida em abundância". Esta missão é não só do Filho do Homem, mas de todos os homens, seus irmãos e irmãs.

Nesta linha de reflexão, a dimensão-águia em nós é despertada como jamais antes. Se nos quedarmos apenas na dimensão-galinha, quer dizer, se ficarmos em casa, melhorando apenas nosso planeta, sem o propósito de ultrapassá-lo, não estaremos a salvo de assaltos possíveis que vêm dos impactos exteriores ou de nós mesmos. A condição de sobrevivência é dar asas à águia para que alce voo e se salve nos céus. Se o universo está se expandindo, nós seres humanos obedecemos à mesma lógica: estamos nos expandindo também, viajando rumo às estrelas.

Por fim, há uma derradeira missão do ser humano que somente é discernível a partir de uma perspectiva espiritual: o ser humano existe para permitir a Deus uma realização única. Com frequência temos asseverado que o ser humano revela uma abertura para o infinito. Essa abertura se ordena a recepcionar o próprio Infinito dentro de si. É como a taça cristalina. Só realiza sua meta quando acolhe o vinho precioso. Deus criou o ser humano com uma sede infinita para poder autocomunicar-se com ele e saciá-lo plenamente. Mais ainda: Deus sai de si totalmente e se entrega absolutamente ao diferente. Deus se fez humano para que o humano se faça Deus. Quando Deus resolveu sair de si mesmo e ir ao encontro de alguém que o acolhesse totalmente, surgiu então o ser humano. O ser humano é o reverso de Deus. Permitir essa realização divina – a total autocomunicação de si ao outro – é a suprema missão do ser humano, homem e mulher. Para isso ele foi pensado, eternamente amado e colocado na criação. Ele se descobre como um projeto infinito porque hospeda o Infinito dentro de si. A busca dos espaços infinitos no cosmos é símbolo da busca do Infinito real. Somente nele descansa verdadeiramente, porque nele exaure sua capacidade falante e desejante.

6. Polarizações do ser humano

Depois desta longa e necessária introdução, devemos considerar algumas características fundamentais do ser humano. Elas aparecem sob a forma de complexidades, verdadeiras polarizações autoincludentes nas quais surge claramente a mesma estrutura que identificamos no universo e na história: a dimensão-águia e galinha, sim-bólica e dia-bólica.

Seria longo detalharmos esta estruturação complexa. Ela é extremamente fecunda, pois o ser humano se apresenta como o ser mais complexo que conhecemos. Ele, na verdade, representa um dos infinitos que encontramos no universo. Há o infinitamente grande do cosmos, o infinitamente pequeno do microcosmos e o infinitamente complexo da mente e o infinitamente profundo do coração humano. Vamos considerar apenas algumas destas polarizações nas quais emerge a dimensão-águia e galinha, sim-bólica e dia-bólica. A principal delas, o ser humano como corpo-espírito, já abordamos acima. Não precisamos voltar a ela. Vejamos outras.

6.1. Ser humano: homem e mulher

A espécie humana sempre se manifesta sob uma diferença, na forma de homem e de mulher; na visão judeu-cristã, sob o nome de Adão e de Eva.

Biologicamente são quase iguais. Ambos possuem no núcleo celular 23 pares de cromossomos. Um dos 23 pares, o responsável pela determinação do sexo, é formado, na mulher, por 2 cromossomos X (XX), enquanto no homem é formado por um X e um Y (XY). Sobre essa pequeníssima diferença se constroem as demais que se dão no nível hormonal, psicológico e cultural.

Entretanto, sexo não é algo que os seres humanos apenas *têm* – sexo genético-celular, genital-gonodal e hormonal –, mas é algo que os seres humanos *são*. Tudo o que o homem e a mulher fazem, fazem-no enquanto homem e mulher. A sexualidade entra, portanto, na definição essencial do ser humano. É a assim chamada sexualidade antropológica. Ela se expressa pelo masculino e pelo feminino.

Feminino e masculino são da ordem do ser. Estão presentes em cada ser humano, homem e mulher. Não são coisas (ter), mas princípios e dimensões (ser) do mesmo e único ser humano. Quer dizer: no homem existe a dimensão masculina e feminina; na mulher existe a dimensão feminina e masculina. Na mulher o feminino se adensa mais que o masculino, por isso a mulher é mulher e não homem. No homem o masculino se adensa mais que o feminino, por isso o homem é homem e não mulher. Os psicólogos falam que o *animus* (masculinidade) e a *anima* (feminilidade) são determinações de cada ser humano.

Este fato nos leva a considerar três pontos fundamentais: *primeiro*, que homem e mulher são sempre diferentes e completos em si mesmos; *segundo*, que são sempre recíprocos, quer dizer, abertos um ao outro; *terceiro*, que são complementares; um ajuda o outro a realizar sua própria humanidade plena e juntos mostram a humanidade total. Somente compreendendo o ser humano enquanto masculino e feminino e enquanto homem e mulher, compreendemos algo essencial dele. Se isolarmos homem de mulher e mulher de homem, nos perdemos. Fazemos injustiça a ambos. Abrimos o espaço para a guerra dos sexos com a eventual dominação de um sobre o outro, ora dominando o homem pelo patriarcalismo, ora dominando a mulher pelo matriarcalismo. Foi o que ocorreu historicamente.

Hoje, conscientemente, a humanidade procura superar esta guerra histórica e desenvolver relações de equidade entre os sexos. Acolhendo a diferença, incentivando a reciprocidade e valorizando a complementaridade. Os seres humanos contam pelo que são como pessoas, com todas as suas diferenças. Não apenas pelo sexo biológico de que são portadoras.

Que é, enfim, o feminino e o masculino?

O feminino na mulher e no homem é o *esprit de finesse* que já comentamos. É a capacidade de inteireza, de percepção de totalidades orgânicas, de unicidade do processo vital em suas mais diversas manifestações; é subjetividade, ternura, cuidado, acolhida, nutrição, conservação, cooperação, sensibilidade, intuição, experiência do caráter sagrado e misterioso da vida e do mundo.

O masculino no homem e na mulher é o *esprit de géometrie*, de objetividade, de análise, de trabalho, de competição, de autoafirmação, de racionalidade, de capacidade de abrir caminhos, de superar obstáculos e de concretizar com determinação um projeto.

Não devemos monopolizar o masculino somente no homem e o feminino somente na mulher. Tal é o equívoco da cultura dualista ocidental e de outras culturas patriarcalistas. Olvidou-se que homem e mulher têm dentro de si a totalidade masculina e feminina. Cada qual deve realizar a síntese a partir de sua situação concreta ou de homem ou de mulher.

Ambos os princípios, masculino e feminino, devem conviver, interagir, complementar-se e construir cada ser humano, com ternura e vigor, com subjetividade fecunda e com objetividade segura.

6.2. Ser humano: utópico e histórico

Há uma outra polaridade humana já considerada por nós em sua dimensão sociocultural: a utópica e a histórica. Aqui importa revisitá-la na dimensão pessoal. O ser humano é um ser utópico que se desenvolve na história concreta. Como logo veremos, emerge de novo e com naturalidade a perspectiva águia/galinha.

Utopia e seus afins, fantasia e imaginação, não gozam de boa reputação na nossa cultura dominante. São sempre contrapostos à realidade. Face às propostas fascinantes de alguém diz-se: é utopia, é fantasia e pura imaginação. Não obstante, já há vários decênios, a reflexão sociológica e filosófica recuperou a eminente dignidade da utopia, da imaginação e da fantasia.

Para entender seu aspecto positivo, precisamos antes analisar criticamente a compreensão dominante de realidade, já que ela é contraposta à utopia. Que é o real para o homem moderno?

Real é tudo o que pode ser visto, sentido e tocado. Na ciência comum, real é aquilo que é objeto de uma experimentação empírica. Experimentação que pode ser repetida e traduzida por uma expressão matemática (metros quadrados, quanta de energia etc.) ou por uma fórmula físico-química (miligramas de nitrogênio, de sulfato, de oxigênio, etc.). Real é o que é dado e está aí à nossa consideração, queiramos ou não.

Esta visão é em parte correta e em parte reducionista. É correta porque o real não deixa de ser algo dado. Mas é reducionista ao entender o dado como algo fechado e acabado em si mesmo. As reflexões que fizemos ao longo deste livro sempre insistiram: o dado é feito; tudo está nascendo e não acabou ainda de nascer; tudo vem carregado de possibilidades e potencialidades que constituem, exatamente, a condição da evolução. Se tudo fosse pronto e dado, não haveria evolução. Nós estaríamos ainda, gaiamente, saltando de galho em galho, comendo bananas e descendo das árvores como nossos ancestrais nas florestas tropicais da África, 10 milhões de anos atrás. Mas não. Evoluímos. Ativaram-se possibilidades dentro de nossa realidade. Chegamos ao que hoje somos. E continuarão a ser ativadas outras, nossas e do universo, porque ainda não acabamos de nascer. Estamos em processo de parto, em cosmogênese e em antropogênese.

Precisamos, pois, alargar nosso conceito de realidade. À realidade pertence o possível, aquilo que ainda não é e que pode ser. Por isso a realidade apresenta-se sempre como algo aberto, algo feito e ainda por fazer. A realidade é maior que o dado. Ela inclui uma promessa, um projeto latente, uma virtualidade escondida, uma mensagem que quer comunicar-se. A história é o espaço no qual todas estas dimensões potenciais vêm à tona, tornam-se visíveis e sacramentais.

Ora, a utopia e a imaginação vivem do potencial e do possível. Por elas olhamos o dado e discernimos lá dentro suas virtualidades. Com imaginação e fantasia projetamos sua eventual realização no futuro. Nasce assim a utopia: uma imagem ainda não realizada, mas possível, presente dentro da realidade e projetada para frente, no futuro. Por isso a utopia, a fantasia e a imaginação não se opõem à realidade. São parte dela, sua parte melhor. A imaginação, ensinava o filósofo francês Gaston Bachelard, não fornece apenas uma imagem da realidade; ao contrário, é a faculdade de formar imagens que ultrapassam a realidade. A imaginação vê a realidade grávida de possibilidades. Estas propiciam imagens novas dela. Por isso, também a ultrapassam.

O ser humano é por excelência um produtor de imagens e de utopias. Por elas cria visões que lhe dão um horizonte mais aberto da vida e de seu futuro. Atualmente a grande luta certamente não é mais entre ideologias globais, mas entre visões e utopias. A pergunta básica é: Quem projeta uma visão e uma utopia que sejam ao mesmo tempo mais promissoras e viáveis para os problemas da humanidade?

Essa capacidade de criar visões, utopias e imagens é irrenunciável. O ser humano, sublinhava o escritor e filósofo contemporâneo francês Albert Camus (1913-1960), é "a única criatura que se recusa a ser o que ela é". Ele quer ser sempre mais. Quer desentranhar do bojo de suas fantasias e utopias um ser melhor, mais exuberante, mais inteligente, mais sensível, mais capaz de comunicação e de amor.

Que seria do ser humano se não tivesse utopias, sonhos, desejos, fantasias e imaginações sobre si mesmo, sobre sua família, sobre seus filhos e filhas, sobre sua profissão, sobre sua cidade, sobre seu país, sobre o planeta Terra e sobre a vida além da vida? Seria apático, amorfo, resignado, desacorçoado, um semimorto perambulando por aí. A utopia o faz irradiar, criar, projetar e ter um fogo interior. Ela revela o melhor que se esconde dentro dele. É a águia que desperta, querendo sempre erguer voo. A galinha tem também suas boas razões. Ela é a realização possível de um sonho; é um dado palpável e concreto. Mas esse dado guarda um projeto maior; ele esconde dentro dele uma águia possível. É a abertura para o infinito, essencial ao ser humano.

6.3. Ser humano: poético e prosaico

Disse um dos mais inspirados poetas alemães, Friedrich Hölderlin (1770-1843): "é poeticamente que o ser humano habita a Terra". E foi completado mais tarde por um pensador francês, Edgar Morin: "é também prosaicamente que o ser humano habita a Terra". Poesia e prosa são dois gêneros literários diferentes. São diferentes porque supõem dois modos existenciais de ser distintos.

A poesia supõe uma pessoa criadora. A criação faz com que a pessoa se sinta tomada por uma força maior do que ela. Força que lhe traz emoções inusitadas, ideias novas, metáforas significativas, sentidos surpreendentes. A criação pode levar ao êxtase. Sob a força da criação e em situação extática a pessoa canta, dança, cria gestos simbólicos e sai de sua normalidade. Emerge, então, o xamã que se esconde dentro de cada pessoa. O xamã era uma figura central em algumas culturas ocidentais e orientais. Em nós ele existe como arquétipo, quer dizer, como aquela figura capaz de sintonizar com as energias do universo, de harmonizar-se com a sinfonia universal e de vibrar junto com as cordas do coração, do outro, da natureza, do cosmos e de Deus. Por esta capacidade se desocultam novos e surpreendentes sentidos da realidade.

Que significa asseverar que "o ser humano habita poeticamente a Terra"? Significa que ele experimenta a Terra como algo vivo, evocativo, falante, grandioso, majestático e mágico. A Terra é paisagem, cores, odores, imensidão, vibração, fascínio, profundidade, mistério.

Como não se extasiar diante da majestade da floresta amazônica? Com suas gigantescas árvores, quais flechas tentando tocar as nuvens, com o emaranhado de seus cipós e trepadeiras, com as nuanças sutis de seus verdes, com a diversidade de suas flores e frutos? Como não se fascinar com as mil vozes do passaredo de manhã quando desperta? Ou com o seu absoluto silêncio após ter comido por volta das 12 horas? Como não quedar-se boquiaberto pela imensidão das águas que calmamente se espraiam mato adentro e descem molemente para o oceano? Como não sentir-se tomado de temor reverencial quando se anda horas e horas pela floresta virgem? Ela se parece a um templo verde habitado por mil divindades. Como não sentir-se pequeno, perdido, bichinho insignificante face à incontável biodiversidade, à pujança do verde e à exuberância das águas? Sim, habitamos poeticamente a Terra em cada momento; quando sentimos na pele a suavidade do frescor da manhã; quando padecemos a canícula do sol ao meio-dia; quando serenamos com o cair esmaecido da tarde; quando nos invade o mistério da escuridão da noite. Sentimos, estremecemos, vibramos, sorrimos, nos enternecemos, nos aterramos e nos extasiamos com a Terra e sua insondável vitalidade. Todos vivemos o modo de ser dos poetas. Somos poetas. É a águia e o sim-bólico que estão em nós que nos transportam para o mundo do enlevo e do encantamento.

Efetivamente, são cegos e surdos e vítimas da lobotomia do paradigma moderno, aqueles que veem a Terra simplesmente como reservatório de recursos materiais, como um laboratório de elementos físico-químicos e como um conglomerado desconexo de águas e solos. A Terra é Gaia*, Pacha Mama*, Magna Mater, Grande Mãe.

Mas habitamos também prosaicamente a Terra. A prosa literária recolhe o cotidiano e o rotineiro da vida. O prosaico é outro modo de ser humano, diferente do poético. É o nosso dia a dia cinzento, feito de tensões familiares e sociais, de horários, de obrigações, de deveres profissionais, de ocupações, preocupações e discretas alegrias ligadas à subsistência;

é urdido de interesses a serem considerados; é influenciado pelo *status* social que impõe opções e comportamentos.

O prosaico possui o seu valor inestimável. Descobrimos a suave bondade do prosaico e da rotina depois de passarmos longos tempos internados num hospital. Ou quando regressamos pressurosos após muitos meses de viagens fora de casa. Nada mais realizador e integrador do que reingressar na vida cotidiana com o seu sereno e doce caminhar dos horários e dos afazeres caseiros e profissionais. É a dimensão-galinha em nós que nos dá a sensação de paz e de uma navegação tranquila pelo mar da vida.

Poético e prosaico, águia e galinha são complementares e se revezam de tempos em tempos. Pelo fato de vivenciarmos a dimensão-águia, aprendemos a valorizar a dimensão-galinha. É porque experimentamos a dimensão-galinha que ansiamos alçar voo e apreciar a dimensão-águia.

A cultura de massas moderna desnaturou a águia e a galinha. O lazer, que seria ocasião de ruptura do cotidiano e liberação da águia, foi aprisionado pela indústria do entretenimento que incita ao excesso, ao consumo de álcool, de drogas e de sexo. Numa palavra, incita ao desfrute desbragado de todos os sentidos, excesso sem êxtase e sem reencantamento do mundo. A águia é coagida a ser apenas galinha, o dia-bólico sem sua referência ao sim-bólico.

A dimensão-galinha mantém o ser humano cativo dentro da opacidade de seu pequeno mundo: submetido à simples luta pela sobrevivência, extenuado de trabalhos, sem esperança de um dia repousar e gozar de seu merecido lazer. E, quando chega ao lazer, perde a liberdade e a força do voo da águia, pois se sente refém daqueles que já pensaram tudo para ele: como organizar o seu lazer, como propiciar-lhe fortes emoções e como fabricar-lhe uma experiência inesquecível. E o conseguiram. Mas como tudo é artificialmente induzido, sacrificam a dimensão-águia. O efeito final é o vazio existencial e o doloroso empobrecimento do espírito. A galinha reduzida à cerca do seu galinheiro.

Por isso, face a esta cultura do excesso e do esbanjamento, importa resgatar a águia e não permitir que se desnature a galinha.

6.4. Ser humano: ser de necessidade e de criatividade

O ser humano apresenta-se simultaneamente como um ser de necessidade e de criatividade. Dito de outra forma: como um ser que se autoafirma e ao mesmo tempo se conecta com outros. Nesta polarização desponta também a dimensão-águia/galinha, o sim-bólico e o dia-bólico.

Antes de mais nada ele é um ser de necessidade. Tem necessidade de comer, de vestir-se, de abrigar-se, de reproduzir-se, de comunicar-se, de ser feliz e de imaginar um sentido último da vida e do universo. A vida depende, na realidade, de um prato de arroz e de feijão, de um pouco de água e de alguém com quem partilhar a caminhada da vida. Grande parte do tempo das pessoas é empregado na dura faina pela sobrevivência. Pois trata-se de necessidades que devem ser permanentemente atendidas. Por aí se garante a estrutura de autoafirmação.

Entretanto, à diferença do animal, o ser humano não possui nenhum órgão especializado que lhe garanta a sobrevivência. Biologicamente, surge como um ser de carências. Entregue a si mesma, uma criança recém-nascida é fadada a morrer. Não é como um patinho que logo sai nadando e buscando seu alimento. A criança carece de alguém que a alimente e cuide dela.

Para atender às suas necessidades, o ser humano se vê obrigado a abrir-se ao mundo. Cria a linguagem pela qual significa o mundo e inventa o instrumento pelo qual prolonga seus membros. Modifica o mundo, ao mesmo tempo que é modificado por ele. Desta circularidade produz o habitat que lhe dá condições para satisfazer suas necessidades fundamentais.

O conjunto das modificações que faz do mundo e de si mesmo chama-se cultura, como vimos no início deste capítulo. A cultura significa uma criação especificamente humana. Ela atende a necessidades infraestruturais e também àquelas mais gratuitas, ligadas ao sentido da vida e da sociedade.

O ser humano mostra, portanto, a partir de suas necessidades, digamos de sua dimensão-galinha, uma abertura ao mundo. A abertura ao mundo se revela como abertura à cultura. Mas, analisando a dinâmica interior da existência humana, observamos que nem o mundo, nem a cultura preenchem totalmente sua abertura. A abertura permanece sempre virgem. O ser humano é um ser de abertura pura e simples. Está aberto não somente a isto e àquilo, mas à totalidade dos objetos, ao infinito. É o momento-águia de sua vida.

Qual é o objeto terminal de sua abertura, objeto que o repleta e o faz repousar? Deixemos esta questão em suspenso, quebra-cabeça para os antropólogos e para cada pessoa que se perscruta a si mesma. Ela faz suscitar as filosofias e as religiões. Iremos abordá-la logo a seguir.

Junto com a dimensão de necessidade desponta no ser humano também a dimensão de criatividade. Ele não quer apenas matar a fome. Ao fazê-lo, coloca empenho, investe libido, cria arte e beleza. Ele não come apenas com a boca.

Come também com os olhos, enfeitando esteticamente seu prato de comida.

Ele é habitado por um potencial fantástico de criatividade e de capacidades que querem expressar-se e realizar-se em todos os campos: na linguagem, na culinária, no arranjo da casa, na forma de vestir-se, na inteligência, na arte plástica, na criação literária, na invenção científica, na produção simbólica da cultura, da filosofia e da religião. Nesses e em outros campos realiza sua liberdade criadora. Essa liberdade se exerce também na sua dialogação com o Supremo, com Aquele que é identificado e venerado como o Criador do céu e da terra.

Ao exercitar suas capacidades, o ser humano demonstra que foi criado criador. Concria junto com as forças diretivas do universo e com o *Spiritus creator*. Copilota o processo evolucionário. Coloca sua marca registrada em todas as coisas que toca e com as quais se relaciona.

Não basta atender às necessidades básicas e com isso fazer a revolução da fome. Importa criar espaço para o exercício das capacidades humanas e da criatividade. Por isso é necessário completar a revolução da fome com a revolução da liberdade criadora. Por aí se garante sua dimensão de conexão com os outros e com o mundo.

O socialismo fez apenas a primeira, o capitalismo somente a segunda. Não ter operado esta revolução completa, da fome e da liberdade, criou um impasse fundamental nos dois sistemas sociais que atravessaram todo o século XX. Ambos têm uma concepção reducionista do ser humano: ou o veem apenas como ser de necessidades a serem atendidas (socialismo com sua planificação centralizada e coletivização), ou somente como um ser de liberdade que deve ser vivida a qualquer custo, mesmo oprimindo os demais (capitalismo com o seu liberalismo e individualismo).

Nem o "nós" coletivista, nem o "eu" individualista representam a forma mais adequada de organização social, mas o "nós" democrático, de uma democracia de base, fiel à sua significação etimológica que é o poder vindo do povo, exercido pelo povo diretamente ou através de seus representantes, e controlado pelo povo. Portanto, democracia popular, que vem de baixo para cima, participativa, cotidiana, assentada no funcionamento das associações da sociedade civil, solidária, libertária e espiritual. Este é o projeto que está sendo gestado e já antecipado na vasta rede do movimento popular em quase todos os países do mundo. Ele integra a águia com a galinha, o sim-bólico com o dia-bólico, a luta com a festa, a produção com a poesia, a eficácia com a beleza, a criação com a espiritualidade.

Bem disse um notável pensador revolucionário do Peru, José Carlos Mariátegui (1894-1930): "devemos não apenas conquistar o pão, mas também conquistar a beleza". Com mais ênfase e precisão o asseverou um poeta cubano, José Fernández Retamar: "o ser humano está à mercê de duas fomes: da fome de pão que é saciável e da fome de beleza que é insaciável". Eis aqui a presença articulada da águia e da galinha, do sim-bólico e do dia-bólico.

Articular as dimensões-galinha e águia de tal forma que se contrabalancem na satisfação das demandas do ser humano, de sua infraestrutura material e na manutenção de sua abertura infinita: eis o desafio permanente para qualquer organização social e política que queira ser fiel à complexa natureza do ser humano, que, por um lado, se autoafirma e, por outro, relaciona-se com todos e com tudo.

6.5. Ser humano: terrenal e divino

Qual é o objeto que preenche a abertura infinita do ser humano? Esta interrogação ficou em suspenso nos parágrafos anteriores. Precisamos respondê-la. Na verdade, ela já foi respondida pela humanidade desde a mais remota ancestralidade. Para isso criou uma das construções culturais mais complexas e intrigantes que existe: a religião em sua imensa diversidade de ritos, doutrinas, tradições e místicas.

Podemos emitir a opinião que quisermos sobre a religião, seguir ou não uma prática religiosa. O que não podemos é desconhecer a persistência e o significado do fenômeno religioso universal. Ele resistiu a todas as críticas, a todas as perseguições e ao intento de sua aniquilação, que não faltaram ao longo dos séculos.

Por que esta força invencível da religião? Porque a religião se remete a um dado anterior a ela, de fundamental significação: a espiritualidade. A espiritualidade, já o dissemos, significa o encontro vivo com a Suprema Realidade. Trata-se de uma experiência de choque. Ela muda o estado de consciência do ser humano. Redefine sua identidade e o significado de sua vida e de sua morte. Esta experiência se expressa culturalmente. A religião é sua tradução nos códigos pessoais e culturais. Pela religião o ser humano dá e deu uma resposta à questão, sempre presente em sua agenda: Quem vai realizar meu desejo infinito? Que nome dar ao norte para onde aponta sempre a agulha da bússola? Encontrou uma palavra de reverência: Deus, Tao*, Brahma*, Javé, Olorum*, Quetzalcoatl*, Pai-Filho-Espírito-Santo.

Mas atentemos bem: Deus aqui somente possui significado existencial e concreto se for a resposta à abertura infinita do ser humano. Não se trata de um Deus qualquer, *Deus ex machina,* já construído uma vez por todas e feito objeto de credos, dogmas e ritos, gerenciados pelas instituições religiosas. Mas trata-se de um Deus vivo, encontrado na experiência humana mais radical, na espiritualidade: na vontade de trabalhar, de criar, de responsabilizar-se por este planeta, de escutar a si mesmo e de manter-se sempre aberto para aprender e para deixar-se tomar pelo novo e pelo ainda não ensaiado. Nesta diligência o ser humano se descobre como realmente referido a uma abertura ilimitada, a um "mais". Esse "mais" tem as características do indecifrável, pois, quando quer abraçá-lo, sempre lhe escapa. Desloca-se mais à frente. Rasga uma nova abertura. Nem por isso o ser humano deixa de continuamente persegui-lo.

As religiões trabalham a partir deste "mais". E é neste contexto que se pronuncia com reverência e sumo respeito a palavra Deus. Sua experiência recebe mil outros nomes além desse de Deus.

Alguns religiosos referidos a uma compreensão mais objetivista dão-lhe títulos. Criam assim um objeto de veneração e culto. Chamam-no, como dizíamos antes, de Javé, Alá, Wotan*. Outros, orientados por uma compreensão mais energética, invocam-no como Espírito, Atma*, Olorum, Santíssima Trindade. Outros ainda, negando-se a qualquer representação, pois todas são inadequadas, nominam-no de Tao, Nirvana*, Shi*, Mistério. Pouco importam os nomes. Todos eles estão a serviço deste "mais" e desta experiência originária de abertura que busca sua adequação.

A religião afirma, com determinação, que não encontra neste mundo nenhum objeto que lhe feche a abertura e assim tenha a função de Deus. Por isso, a religião protesta contra uma cultura que apresenta suas conquistas, tais como a ciência, o mercado mundial e a abundância das mercadorias, como se fossem divindades. Elas sim satisfariam plenamente, dizem, a abertura infinita do ser humano. Grande ilusão. São ídolos e fetiches enganadores. Por isso há tanto vazio existencial coletivo, falta de solidariedade, de sensibilidade, de piedade para com as vidas e o destino dos seus semelhantes e da natureza.

A religião quer transcender este mundo, até o universo, para poder descansar naquela instância que é adequada à abertura humana. O buraco dentro do ser humano é do tamanho de Deus. Somente Deus pode plenificá-lo. Somente diante dele o ser humano se cala e cai de joelhos sem perder a dignidade.

Mas a religião é penalizada por esta sua atitude iconoclasta face aos ídolos. É caluniada como um saber ingênuo e fantástico. É distorcida como ópio e falsa consciência de quem ainda não se encontrou ou, caso se encontrou, voltou a perder-se. É tratada psicanaliticamente como ilusão de uma mente neurótica, fixada no desejo de proteção paterna e materna, procurando em vão pacificar o desejo de aconchego e tornar o medo suportável.

A religião, em sua sanidade, não é nada disso. Algumas de suas expressões poderão ser patológicas. Por isso com razão devem ser criticadas. E o foram pelos profetas, por Sigmund Freud (1856-1939) e por Karl Marx (1818-1883). Afinal tudo o que é sadio pode ficar doente. Mas ela constitui a forma sadia e normal que os humanos encontraram para responder à sua abertura infinita. Por isso ela é profundamente terapêutica, a clínica que a maioria da humanidade frequenta. Cura o mal infinito do ser humano.

Embora seja sempre experimentado no "mais", no mais para frente, no mais para cima, no mais profundo, no mais para além deste mundo, Deus não é vivenciado como uma Realidade desconectada deste mundo e fora de nossa vida. Ele é vivido como a *nossa* mais profunda interioridade. Ou a *nossa* mais alta superioridade. Sentimos que estamos ligados umbilical-mene a Ele e Ele a nós.

As religiões o expressaram afirmando que somos da família de Deus. Somos imagem e semelhança de Deus. O templo sagrado que abriga Deus no coração. Elas nos convencem de que somos também divinos, pois somos filhos e filhas de Deus. Bem o expressou São Paulo, conversando com os filósofos na praça pública de Atenas: "Somos da família de Deus. Ele não está longe de nós. Nele vivemos, nele nos movemos e nele existimos". Os místicos, aqueles que se encontraram diretamente com o Supremo, testemunham: nós estamos tão unidos a Deus e Deus a nós, vivemos tão interpenetrados mutuamente que somos Deus por participação. Deus é a nossa própria e misteriosa Profundidade.

A religião que fala assim de Deus cumpre uma função imprescindível de saúde para a vida humana pessoal e social. Por ela se veicula aquela experiência que buscávamos e que nos faltava. Bem o expressou o sábio psicanalista C.G. Jung (1875-1961): "Em todos os meus doentes na segunda metade da vida, isto é, tendo mais de trinta e cinco anos, não houve um só cujo problema mais profundo não fosse constituído pela questão de sua atitude religiosa. Todos, em última instância, estavam doentes por terem perdido aquilo que uma religião viva sempre deu em todos os tempos aos seus seguidores, e nenhum curou-se realmente sem recobrar a atitude religiosa que lhe fosse própria. Isso, está claro, não depende absolutamente de adesão a um credo particular ou tornar-se membro de uma igreja".

Portanto, a re-ligião nos permite identificar o elo perdido. Re-ligar todas as coisas e todas as experiências. Re-ligar todos os eventos cósmicos para constituir uma cadeia coerente. Re-ligar todas as etapas da cosmogênese* e da antropogênese* para dar unidade ao processo evolucionário. Re-ligar o mundo ao eu, o eu empírico ao eu profundo, à sociedade, à história, ao universo e, por fim, re-ligar tudo, tudo à sua origem secreta, Deus. Deus empapa tudo, penetra tudo, anima tudo, re-liga tudo. Tudo *está* em Deus e Deus *está* em tudo (panenteísmo*, diferente de panteísmo* que diz erroneamente: tudo é Deus, Deus é tudo).

Um ser humano que cultiva esta re-ligação não se sente perdido, nem angustiado, nem desesperado. Tudo o que acontece faz sentido. Acontece dirigido pela mão invisível de Deus, mesmo os absurdos que constituem uma cruz para a inteligência e uma chaga para o coração. Mas a religião faz ver que eles são como o reverso do tapete, uma confusão de fios de todas as cores e em todas as direções. Mas é apenas o reverso. O verso forma uma belíssima rosa. Por causa do verso, o reverso ganha sentido. E é acolhido com generosidade.

Concluindo, o ser humano é terrenal. Tem no cosmos e na Terra suas raízes. É parte e parcela de um todo que o desborda completamente. É sua dimensão-galinha. Mas simultaneamente deixa para trás o todo porque é divino. Porque é habitado pelo Infinito que se revela como fome insaciável de beleza e como abertura, só plenificável pelo Infinito mesmo. É sua dimensão-águia.

6.6. Ser humano: sapiens e demens, sim-bólico e dia-bólico, decadente e resgatável

O ser humano não é apenas sim-bólico, luminoso. É também dia-bólico, tenebroso. E o é simultaneamente. Já consideramos largamente sua capacidade destrutiva da natureza e autodestrutiva de si mesmo, atingindo nos dias atuais um limite perigoso.

Como chegou a isso? Confrontamo-nos aqui com um acontecimento misterioso, como misterioso foi o fato da águia ter-se transformado em galinha. Trata-se de um fenômeno tão devastador que desafia a razão analítica. Por isso, as religiões o abordam mediante outro exercício da razão, através de narrativas míticas ou grandes símbolos e metáforas.

Há uma base objetiva que torna possível a situação decadente do ser humano. É a defasagem natural entre o utópico e o histórico, entre o desejo ilimitado e seus objetos, sempre limitados. Numa palavra, não somos o Criador. Aqui nos defrontamos com uma decadência que é inocente e inevitável. Cada ação visa realizar o sonho. Mas o que realiza não é ainda o sonho. Apenas uma aproximação dele. Esta ação, por melhor que seja, é decadente face à excelência do sonho ou quando confrontada com o Criador. É neste sentido que devemos entender a decadência, não como um juízo moral (valor de uma ação), mas como um juízo ontológico (natureza limitada, não divina de um ser e de uma ação).

A própria evolução vive sob esta situação objetivamente decadente, pois, entre o ilimitado número de probabilidades, apenas algumas se realizam. Ela mesma se encontra num *crescendo*, é perfectível, pois vai do imperfeito para o mais perfeito. Evolução significa, propriamente, passagem de formas simples para complexas, de situações de caos para outras de ordem e de elegância. O próprio Deus deixou sua criação perfectível. Agora as coisas não têm uma bondade acabada, porque sua tendência à perfeição ainda não se completou.

No contexto humano esta decalagem objetiva entre o utópico e o histórico e entre a promessa e sua realização futura é feita consciente e vem subjetivizada. O ser humano pode acolher essa situação jovialmente e aceitar o longo caminho processual que o leva ao paraíso lá na frente, no futuro. Ou pode recusá-la, protestar contra ela ou fechar-se a uma fase do processo. Pode absolutizá-la ou pretender, ilusoriamente, ser ele mesmo o fim da história e do universo. Aqui ocorre a decadência num sentido ético, como aquilo que não precisava e não devia ser. O ser humano assume a responsabilidade pelo seu ato de recusa. Aparece então a culpa e o pecado. Pecado é, pois, negar-se a crescer. É recusar-se a evoluir. É fechar-se sobre si mesmo e seu mundo. É recusar-se à abertura infinita.

Essa atitude subjetiva configura uma ruptura – seja com o sentido do universo que está sempre aberto para frente e para cima, seja para com Deus que quis esta lógica processual e ascendente. Ele não quer ser encontrado somente no termo do processo, mas em cada momento dele e em cada dobra da existência. Ele marcou encontro no transitório, no imperfeito e no processual. Rompendo com o sentido do universo e com o seu Criador, destrói-se a re-ligação fundamental com todas as coisas. É a decadência querida e efetivada, fruto de uma liberdade que assim perversamente se autodeterminou.

A tradição judeu-cristã chama essa atitude de pecado original, pecado que faz perder a graça original. Esse pecado não deve ser visto como um ato isolado, mas como uma disposição permanente, uma atitude. O relato deste antievento no livro do Gênesis não pretende ser uma descrição do que ocorreu na origem cronológica de nossa história. Mas uma indicação do que ocorre permanentemente na dimensão profunda e originária do ser humano, de cada ser humano.

Que é essa dimensão originária? É a teia de ligações e re-ligações que cada ser, e especialmente o ser humano, entretém com todas as coisas e com seu Criador. Pecado original é a ruptura da re-ligação universal porque – repetimos – é recusa a evoluir como todos evoluem. Não apenas rompe com Deus. Rompe com a comunidade humana, terrenal e cósmica. Ela é a causa secreta da violência do ser humano contra a natureza e seus semelhantes. De *sapiens* se transformou em *demens*, de sim-bólico se fez dia-bólico, de ereto, em encurvado e decadente.

Mas essa situação não é natural. É contramovimento da natureza que busca sempre a sinergia e que faz o caos (*dia-bolos*) ser generativo e ocasião de criatividade (*sim-bolos*).

Por isso o ser humano pode sempre autocorrigir-se e buscar a redenção de sua natureza original. Pode contar com salvadores que se apiadam de sua situação decadente e lhe oferecem chances de vida, como o naturalista que teve compaixão da águia, transformada em galinha, tentando fazê-la voar. Na verdade, cada um deve ser messias, salvador para o outro. Pode ouvir os apelos que o chamam para a altura, como a águia ao mirar o Sol. Cada um deve ser um profeta proclamador do verdadeiro sentido de re-ligação universal para o outro. Cada pessoa pode entrar num processo de refazer sua segunda natureza histórica, como a águia pôde paulatinamente recuperar seu ser de águia. Pode orientar sua vida pela direção do Sol e descobrir sua vocação celestial. De águia cativa se transfigurará em águia livre para voar. Cada um pode ser pastor para o outro na busca de sua verdadeira natureza.

É convicção de todas as religiões e tradições espirituais que o ser humano é resgatável. Que a ruptura da re-ligação fontal será superada e que triunfará a sinergia e o abraço de paz entre todos os seres e entre todos os viventes. O sim-bólico suplantará o dia-bólico. Todos estarão sob o arco-íris da graça original, bebendo da mesma fonte de vida, de bem-aventurança e de eternidade.

6.7. Conclusão: o ser humano, nó de relações totais

Que é o ser humano homem e mulher? Um paradoxo. Um mistério da terra e do céu. Representante da criação e de Deus. Ele é verdadeiramente um microcosmos, pois seu ser resume e compendia todas as dimensões da realidade, também da Última. Ele pode ser definido como um ser de potencial infinito de fala, um nó de relações voltado para todos os lados. Por isso somente se realizará na medida em que ativar todas as suas capacidades de comunicação, de relação e de re-ligação. Essa sua natureza aparece na linguagem, singularmente sua, e cuja *performance* é ilimitada como ele mesmo.

Esta definição, na verdade, define muito pouco. Apenas indica uma direção na qual se vislumbra o ser humano essencial e se descortinam suas virtualidades inumeráveis. Elas só se tornam reais na medida em que se transformam numa prática concreta dentro de um processo histórico. Por isso o ser humano é um ser de prática e um ser histórico. Constrói sua existência, historicamente, prolongando o processo evolucionário cósmico-bio-social, junto com outros, no mundo e em diálogo consigo mesmo, com os demais seres e com o Absoluto; praticando sua liberdade e tomando decisões a partir das potencialidades que encontra em si, nos outros e no mundo. O que resulta desta prática é sua essência concreta e histórica em contínuo perfazer-se.

O ser humano, na verdade, nunca termina de construir-se. Cada fim é um novo começo. Vive distendido entre a galinha que permanentemente quer a concreção e a águia que sempre busca a superação. Entre um dia-bólico que o mergulha na obscuridade e o sim-bólico que o anima para a luz. Ele é uma abertura sem fim. Assim é no tempo. E assim será também na eternidade. O ser humano é um projeto infinito, conatural ao infinito de Deus. Deus mesmo, por participação.

Bibliografia para aprofundamento

ALBERONI, F. *Enamoramento e amor.* Rio de Janeiro: Rocco, 1988.

ALVES, R. *O enigma da religião.* Petrópolis: Vozes, 1975.

ARAÚJO DE OLIVEIRA, M. *Ética e racionalidade moderna.* São Paulo: Loyola, 1993.

ASSMANN, H. *Paradigmas educacionais e corporeidade.* Piracicaba: Unimep, 1995.

BENHABIB, S. & CORNELL, D. *Feminismo como crítica da modernidade.* Rio de Janeiro: Rosa dos Tempos, 1990.

BOFF, L. *A nossa ressurreição na morte.* Petrópolis: Vozes, 1996.

_____. *Ecologia, mundialização e espiritualidade.* São Paulo: Ática, 1996.

_____. *O rosto materno de Deus* – Ensaio interdisciplinar sobre o feminino e suas formas religiosas. Petrópolis: Vozes, 1995.

_____. *Igreja*: carisma e poder. São Paulo: Ática, 1993.

_____. *O destino do homem e do mundo.* Petrópolis: Vozes, 1976.

BOLEN, J.S. *As deusas e a mulher* – Nova psicologia das mulheres. São Paulo: Paulus, 1990.

BONAVENTURE, L. *Psicologia e mística*. Petrópolis: Vozes, 1986.

CAMPBELL, J. *Todos os nomes da Deusa*. Rio de Janeiro: Rosa dos Tempos, 1997.

CAPRA, F. *A teia da vida*. São Paulo: Cultrix, 1997.

_____. *O Tao da física*. São Paulo: Cultrix, 1990.

CHARDIN, P.T. de. *O fenômeno humano*. São Paulo: Cultrix, 1988.

CHARON, J. *O espírito, esse desconhecido*. São Paulo: Melhoramentos, 1990.

COVENY, P. & HIGHFIELD, R. *A flecha do tempo*. Rio de Janeiro: Siciliano, 1992.

CRESPO, J. *História do corpo*. Rio de Janeiro: Bertrand, 1990.

DAVIES, P. *O impacto cósmico*. Lisboa: Edições 70, 1989.

DIRANI, Z.C. *O despertar da mulher é o despertar do homem*. Rio de Janeiro: Espaço & Tempo, 1986.

DUVE, Ch. de. *Poeira vital* – A vida como imperativo cósmico. São Paulo: Companhia das Letras, 1997.

EDINGER, E.F. *O arquétipo cristão*. São Paulo: Cultrix, 1988.

FERRIS, T. *O céu da mente* – A inteligência humana num contexto cósmico. São Paulo: Campus, 1993.

FOX, M. *A vinda do Cristo cósmico* – A cura da Mãe Terra e o surgimento de uma renascença planetária. Rio de Janeiro: Record, 1995.

GALBRAITH, J.K. *A sociedade justa* – Uma perspectiva humana. São Paulo: Campus, 1996.

GLEICK, J. *Caos* – A criação de uma nova ciência. São Paulo: Campus, 1989.

GLEISER, M. *A dança do universo* – Dos mitos da criação ao big bang. São Paulo: Companhia das Letras, 1997.

HAWLEY, J. *O redespertar espiritual no trabalho*. Rio de Janeiro: Record, 1997.

JOHNSON, G. *Fogo na mente* – Ciência, fé e a busca da ordem. Rio de Janeiro: Campus, 1997.

MATOS, L. *Corpo e mente*. Petrópolis: Vozes, 1994.

MATURANA, H. & VARELA, F. *A árvore do conhecimento* – As bases biológicas do entendimento humano. Campinas: Psy, 1995.

MAY, R. *A coragem de criar*. Rio de Janeiro: Nova Fronteira, 1982.

MERGULIS, L. & SAGAN, D. *Micro-cosmos* – Quatro bilhões de anos de evolução microbiana. Lisboa: Edições 70, 1990.

MOLTMANN, J. *Deus na criação* – Doutrina ecológica da criação. Petrópolis: Vozes 1993.

_____. *Teologia da esperança*. São Paulo: Herder, 1971.

MORIN, E. *O problema epistemológico da complexidade*. Lisboa: Publicações Europa-América, 1985.

MURARO, R.M. *A mulher no terceiro milênio*. Rio de Janeiro: Rosa dos Tempos, 1992.

NEUMANN, E. *História da origem da consciência*. São Paulo: Cultrix, 1990.

NOVELLO, M. *O círculo do tempo*. Rio de Janeiro: Campus, 1997.

OLIVEIRA, A.B. *A unidade perdida homem-universo* – Uma visão aberta da physis no fim do milênio. Rio de Janeiro: Espaço e Tempo, 1989.

PAZ, O. *A dupla chama*: amor e erotismo. Rio de Janeiro: Siciliano, 1995.

PEARSON, C.S. *O despertar do herói interior*. São Paulo: Pensamento, 1993.

PEGORARO, O. *Ética é justiça*. Petrópolis: Vozes, 1995.

SAGAN, C. *Pálido ponto azul*. São Paulo: Companhia das Letras, 1996.

TODOROV, T. *As morais da história*. Lisboa: Publicações Europa-América, 1993.

UNGER, N.M. *O encantamento do humano*. São Paulo: Loyola, 1991.

WEBER, R. *Diálogos com cientistas e sábios* – A busca da unidade. São Paulo: Cultrix, 1988.

ZOHAR, D. *O ser quântico*. São Paulo: Best Seller, 1991.

Conclusão
A luta entre a águia e o touro

Começamos com uma história e terminaremos com outra. A lição de ambas é a mesma.

Em algumas comunidades dos Andes, descendentes dos antigos incas, costuma-se fazer, de tempos em tempos, um ritual de rica significação simbólica.

Numa espécie de arena, amarra-se um condor, a águia dos Andes, ao dorso de um touro bravio. Trava-se então, diante da multidão, uma luta feroz e dramática que dura horas. O touro é resistente e o condor conta somente com o bico e as garras. Sempre que o touro está em vantagem, os indígenas interferem em favor do condor que bica e apunhala o animal até extenuá-lo completamente.

A vitória do condor sobre o touro é celebrada com esfuziante festa popular. Pois o espetáculo vivido pelos indígenas configura uma metáfora: a luta entre o colonizador espanhol representado pelo touro e a cultura do altiplano andino, simbolizada pelo condor.

Os incas, subjugados pelos espanhóis, nunca puderam recuperar sua liberdade cativa. Com Tupac Amaru I, enforcado em 1572, e depois com Tupac Amaru II (1743-1781), esquartejado, resistiram duramente, até serem submetidos com extrema violência. A internalização da derrota originou uma cultura da resignação e da resistência. Mas nunca foram totalmene imobilizados.

A elegia anônima do assassinato de seu chefe Atahualpa em 1533 testemunha a desesperança: "Sob estranho império, acumulados os martírios, destruídos, perplexos, extraviados, negada a memória, sós; morta a sombra que protege, choramos, sem ter a quem suplicar e para onde ir; estamos delirando [...]".

Com o ritual da luta entre o condor e o touro faz-se uma inversão simbólica. O vencedor de outrora, o touro, é agora vencido. O vencido de outrora, o condor, é agora vencedor. O sonho de liberdade, sempre frustrado, finalmente triunfa. Pelo menos no nível do símbolo.

O condor, águia dos Andes, significa o espaço aberto dos céus. É a altura das montanhas soberbas, a liberdade sem nenhuma ameaça. Eis o sonho inarredável da cultura andina que venera o Sol como o deus da vida e da liberdade. Eis o sonho maior da humanidade.

Tanto a história da águia e da galinha quanto a do touro e do condor constituem metáforas da condição humana, da história e do universo. O touro aprisionado e a galinha em seu galinheiro, por um lado, e a águia libertada e o condor vencedor, por outro, configuram dimensões da realidade, sempre dinâmica, complexa e ascendente. Uma, aquela situada, mergulhada num arranjo existencial, concreta, densa, por vezes opressora: a galinha. E outra, aquela aberta, exposta ao risco da liberdade, às vezes delirante, desafiada a criar e a inventar soluções novas para problemas emergentes: a águia.

Contamos estas histórias no contexto da crise crucial de nossa época, crise que obscurece nosso futuro, tornando-o incerto. A águia e o condor devem ser nossos guias, nossos heróis interiores, nossos arquétipos seminais. Através deles alimentamos a coragem de criar, de erguer voo e de moldar um novo futuro. Ele será plasmado a partir de novos sonhos e de novos princípios, diferentes daqueles que fundaram nosso passado e caracterizam nosso presente. Caso contrário corremos o risco de não sobrevivermos como espécie nem salvaguardarmos "o nosso pálido ponto azul", o planeta Terra.

A dimensão-águia/condor poderá e deverá orientar-nos. Como sempre no processo cosmogênico*, o caos atual, graças às infindáveis inter-retro-relações que provoca, se mostrará generativo. Dele poderá nascer uma nova ordem, uma etapa mais avançada do processo humano e terrenal. O sim-bólico haure forças do dia-bólico. É a nossa esperança.

Somente a águia e o condor, despertados em nós, poderão impedir que sejamos reduzidos a galinhas e a touros aprisionados. Somente a águia e o condor em nós podem evitar que nosso projeto infinito se mediocrize. Somente a águia e o condor em nós podem obviar que nos privem de um sonho sagrado acerca do futuro da Terra. Somente a águia e o condor em nós podem alimentar o fogo divino que arde em nós, fogo que tudo cria, tudo purifica e tudo regenera.

Acordemos, pois, a águia e o condor que moram em nós. Eles carregarão consigo a galinha. Eles serão nossos mestres interiores, nossos guias salvadores.

Glossário

Aminoácidos: moléculas orgânicas que compõem as proteínas. Cada aminoácido é constituído de um grupo amino, um grupo ácido e de um resíduo molecular especial a cada aminoácido.

Antropocentrismo: compreensão que coloca o ser humano no centro do universo. Este só teria sentido se ordenado ao ser humano que pode dispor dele a seu bel-prazer. Trata-se de uma ilusão e falsa compreensão.

Antropogênico: referido à gênese do ser humano. Este não está pronto e acabado, mas ainda submetido ao processo de evolução em aberto.

Antropoide: grupo dos primatas superiores que inclui os orangotangos, os gorilas e os chimpanzés.

Antropoiese: autoconstrução do ser humano.

Autopoiese: termo derivado do grego para designar o processo evolutivo que é autocriativo e auto-organizativo.

Bactérias: seres vivos unicelulares sem compartimentalização interna, chamados também de procariontes.

Big-bang: em inglês "grande explosão"; termo para designar o começo do universo a partir da inflação seguida de um incomensurável estouro do núcleo originário de densíssima carga energética e material.

Big-crunch: em inglês "grande esmagamento"; termo para designar a retração do universo sobre si mesmo por força da reversão da gravidade até reduzir-se ao núcleo originário de densíssima concentração de energia e de matéria. É o contrário do *big-bang*.

Biocenose: o conjunto de todas as espécies vegetais e animais vivendo num determinado espaço físico, formando uma comunidade vivente.

Bóson: é a partícula elementar enquanto energia e relação. Opõe-se a férmion que é a partícula enquanto matéria e consistente em si mesma.

Brahma: a divindade central do hinduísmo, testemunhada pelos Upanixades (textos sagrados). Junto com Shiva e Vishnu forma uma trindade divina.

Buraco negro: corpo com um campo gravitacional tão intenso que atrai tudo para si; nem a luz consegue escapar-lhe.

Cosmogênico: provém de cosmogênese, a gênese do universo. O universo se encontra em expansão. Na medida em que avança mostra-se concriativo e auto-organizativo. Ele não atingiu sua perfeição; está ainda nascendo e se aperfeiçoando.

Cosmologia: cosmovisão, conjunto de representações de diferente natureza, que formam a imagem do universo que uma sociedade projeta para orientar-se e para situar o lugar do ser humano no conjunto dos seres.

Cromossomos: componentes do núcleo celular formados por ácidos nucleicos (cadeias de nucleotídeos responsáveis pelo DNA* e RNA*), altamente condensados, e proteínas. Quando ocorre a divisão celular se tornam visíveis. Cada espécie possui um número fixo de cromossomos.

Dissipativa, estrutura: termo criado por Ilya Prigogine, Prêmio Nobel de Química em 1977, para designar o processo mediante o qual seres orgânicos dissipam a entropia (desgaste natural da energia) e fazem do caos e dos detritos fonte de energia e de ordens mais complexas e altas.

DNA: ácido desoxirribonucleico, principal ácido nucleico que constitui os cromossomos*. É fundamental na síntese das proteínas celulares ao especificar as sequências de aminoácidos* por intermédio do RNA*.

Doppler, efeito: Doppler, físico austríaco (1813-1853), constatou o seguinte fenômeno: analisando o espectro da luz estelar, quando se verifica uma tendência para o vermelho significa que a estrela se afasta da Terra, quando para o azul se aproxima da Terra.

Ecocida: assassino de ecossistemas.

Ecozoico: nova era da história da Terra e da humanidade, caracterizada pela preocupação pela ecologia como arte e técnica de viver em harmonia com o universo, com a Terra, com todos os seres vivos, com todos os elementos e energias universais.

Entropia: desgaste natural e irreversível da energia de um sistema fechado, tendendo a zero = morte térmica. Cf. sintropia.

Establishment: é sinônimo de *status quo*; significa a ordem estabelecida e mantida pela lei e pela força legal.

Férmion: diz-se das partículas elementares em seu momento de matéria e de consistência em si mesmas. Contrapõe-se a bóson que designa o momento de relação e de energia dos campos energéticos.

Gaia: nome que a mitologia grega conferia à Terra como divindade e entidade viva. James Lovelock mostrou que a Terra como um todo forma um superorganismo vivo e denominou-a de Gaia.

Geocida: o que assassina a Terra.

Holismo/visão holística: vem do grego *holos* que significa totalidade. O termo foi criado pelo filósofo sul-africano Jan Smuts, em 1926, para designar o esforço da mente por captar o todo nas partes e as partes vistas dentro do todo.

Holograma: fenômeno no qual o todo está presente em cada uma das partes e as partes somente existem inseridas dentro de um todo que, por sua vez, ordena-se a outro todo maior.

Hominídeos: conjunto da espécie dos primatas que inclui o ser humano atual e seus ancestrais diretos.

Isotrópico: diz-se que o universo é isotrópico porque ele se parece o mesmo em todos os lugares e em todas as direções em que o olharmos: os mesmos elementos físico-químicos, a vigência das mesmas leis da física etc. Isotrópico significa: que possui em todos os lugares a mesma conformação; é sinônimo de homogêneo.

Massa: medida da inércia de um corpo, determinada pela aceleração produzida por uma força conhecida. A gravidade sobre um corpo é proporcional à massa dele; a gravidade que ele exerce sobre outros corpos é também proporcional à sua massa.

Matéria escura: estima-se que 90 a 99% da matéria do universo seja escura. Ela não seria detectada, apenas perceber-se-ia sua presença por sua atração gravitacional sobre a matéria visível. Desconhece-se sua composição. Presume-se que consista de estrelas de massa muito pequena ou de buracos negros ou de gás extremamente tênue (não bariônico, quer dizer, sem prótons e nêutrons).

Matrifocais: diz-se das culturas que têm as mães (as mulheres) como foco de organização social. Diz-se também matriarcais em oposição a patriarcais, culturas nas quais o pai (homem) ocupa o centro de organização.

Morfogenético: na constituição da vida não entram apenas elementos físico-químicos, mas também certas formas, quer dizer, uma maneira singular de organização de todos os elementos, fazendo com que cada ser seja idêntico a si mesmo e diferente dos outros dentro da mesma e comum tradição biológica.

Neurônio: célula que forma o sistema nervoso, capaz de conduzir um impulso nervoso.

Nirvana: no budismo significa a situação de suprema bem-aventurança a que chegam as pessoas quando se libertam totalmente dos apegos e mergulham definitivamente numa experiência de não dualidade com o universo e a Realidade Inominável.

Noosfera: termo criado por Pierre Teilhard de Chardin (1881-1955), paleontólogo, filósofo e místico, nos anos 1930, para designar a nova fase emergente da humanidade rumo a uma sociedade mundial e à consciência planetária. *Noos* em grego significa espírito e mente.

Olorum: o dono dos céus. Suprema divindade da religião dos iorubá, muito presente na Bahia. Não tem representações, nem altares nem sacerdotes. É absolutamente transcendente.

Pacha Mama: Grande Mãe; nome dado pelos povos andinos à Terra como suprema divindade geradora e regeneradora.

Panenteísmo: doutrina que afirma a coexistência e a interpenetração de Deus e de suas criaturas. Literalmente significa: tudo em Deus e Deus em tudo. Deve ser distinguido do panteísmo.

Panteísmo: doutrina que afirma ser tudo Deus; as pedras, as plantas, os animais, os humanos e o universo, formam a única realidade existente e sem distinção, Deus.

Princípio antrópico: conjunto de ideias que afirma: o fato de estarmos aqui e podermos dizer tudo o que dizemos supõe que o universo caminhou com tal simetria e sentido de convergência até produzir o ser humano. Caso contrário não estaríamos aqui. O princípio fraco, admitido como uma consequência inevitável, é esse formulado acima. O forte vai além e afirma que o universo foi projetado para nós, o que equivaleria ao antropocentrismo, não aceito pela grande maioria da comunidade científica.

Princípio cosmológico: expressão para designar a pressuposição dos cosmólogos segundo a qual o universo é homogêneo e isotrópico*.

Prometeu: divindade que na mitologia grega roubou o fogo do céu e o trouxe à Terra. É compreendido como o deus civilizador, a figura rebelde contra a estreiteza dos dogmas, ousada e criadora incansável de novos rumos, desfazendo quaisquer obstáculos. Diz-se que a cultura moderna é prometeica dada a força da tecnociência.

Proteínas: moléculas orgânicas formadas pela união em cadeia de numerosos aminoácidos*. Consoante a composição dos aminoácidos, essa cadeia se dobra em forma tridimensional.

Quetzalcoatl: divindade benfazeja dos astecas que se lançou ao fogo por amor aos seres humanos.

RNA: ácido ribonucleico, ácido nucleico que participa da síntese de proteína no citoplasma celular.

Shi: na compreensão taoista, a força originária, inominável e misteriosa que perpassa todo o universo e cada ser. Ele se manifesta pelo yin e pelo yang.

Sinapse: ponto de contato entre neurônios, pelos quais passa o fluxo de informação.

Sinergia: articulação de energias em vista de um fim comum. O universo é sinergético.

Sintropia: o oposto de entropia; coordenação de fatores e energias que tem por efeito a dissolução do desgaste de energia (entropia).

Status quo: palavra latina, usada na sociologia e na política para designar a situação social dada e imperante.

Tao: conceito central do budismo (taoismo) e de difícil apreensão. Pode significar o caminho do universo, das coisas e das pessoas, a energia primordial que tudo pervade e orienta. Quando interiorizado na pessoa significa transfiguração e união com o Todo e com tudo.

Teoria de Santiago: designa a formulação científica elaborada pelos chilenos, pesquisadores da Universidade de Santiago, Maturana e Varela, segundo a qual os organismos vivos se caracterizam pela autocriação (autopoiese) e pela auto-organização.

Termodinâmica: ramo da física e da química que estuda o calor e suas transformações. Há duas leis básicas. A primeira afirma que o calor é energia e que esta é no universo sempre constante. A segunda afirma que o calor (energia) sempre tem um desgaste não mais recuperável. Chama-se entropia. Um sistema fechado tende a gastar toda a sua energia e a estabilizar-se na morte térmica.

Vácuo quântico: em sentido literal é o espaço destituído de matéria e energia. Mas, como isso não existe, vácuo significa o estado de menor densidade possível de energia e de matéria. Como em nível das partículas elementares e dos campos energéticos tudo é probabilístico, é possível que do vácuo quântico emerjam materializações de elétrons e de pósitrons (sua antipartícula). Elas têm uma existência fugaz de 10 na potência menos 21 e logo a seguir se aniquilam ou voltam ao vácuo insondável. Talvez a expressão melhor seria o aberto quântico: aquela profundidade da qual tudo promana e para a qual tudo volta.

Wotan: o Deus supremo dos povos germânicos.

Xamã: mediador religioso entre os homens e o além. Próprio do xamã é a técnica do êxtase que capacita o espírito deixar o corpo e empreender viagens por outras paragens, nas profundezas da terra, dos céus e dos mares, a fim de encontrar o espírito doente e trazê-lo de volta sadio.

Livros de Leonardo Boff

1 – *O Evangelho do Cristo Cósmico*. Petrópolis: Vozes, 1971 [Esgotado – Reeditado pela Record (Rio de Janeiro), 2008].

2 – *Jesus Cristo libertador*. 21. ed. Petrópolis: Vozes, 2012.

3 – *Die Kirche als Sakrament im Horizont der Welterfahrung*. Paderborn: Verlag Bonifacius-Druckerei, 1972 [Esgotado].

4 – *A nossa ressurreição na morte*. 11. ed. Petrópolis: Vozes, 2012.

5 – *Vida para além da morte*. 26. ed. Petrópolis: Vozes, 2012.

6 – *O destino do homem e do mundo*. 12. ed. Petrópolis: Vozes, 2012.

7 – *Experimentar Deus*. 2. ed. Petrópolis: Vozes, 2012 [Publicado em 1974 pela Vozes com o título *Atualidade da experiência de Deus* e em 2002 pela Verus com o título atual].

8 – *Os sacramentos da vida e a vida dos sacramentos*. 28. ed. Petrópolis: Vozes, 2012.

9 – *A vida religiosa e a Igreja no processo de libertação*. 2. ed. Petrópolis: Vozes/CNBB, 1975 [Esgotado].

10 – *Graça e experiência humana*. 7. ed. Petrópolis: Vozes, 2012.

11 – *Teologia do cativeiro e da libertação*. Lisboa: Multinova, 1976 [Reeditado pela Vozes, 2014 (7. ed.)].

12 – *Natal*: a humanidade e a jovialidade de nosso Deus. 8. ed. Petrópolis: Vozes, 2009.

13 – *Eclesiogênese* – As comunidades reinventam a Igreja. 3. ed. Petrópolis: Vozes, 1977 [Reeditado pela Record (Rio de Janeiro), 2008].

14 – *Paixão de Cristo, paixão do mundo*. 7. ed. Petrópolis: Vozes, 2012.

15 – *A fé na periferia do mundo*. 5. ed. Petrópolis: Vozes, 1991 [Esgotado].

16 – *Via-sacra da justiça*. 4. ed. Petrópolis: Vozes, 1978 [Esgotado].

17 – *O rosto materno de Deus*. 11. ed. Petrópolis: Vozes, 2012.

18 – *O Pai-nosso* – A oração da libertação integral. 13. ed. Petrópolis: Vozes, 2013.

19 – *Da libertação* – O teológico das libertações sócio-históricas. 4. ed. Petrópolis: Vozes, 1976 [Esgotado].

20 – *O caminhar da Igreja com os oprimidos*. Rio de Janeiro: Codecri, 1980 [Esgotado – Reeditado pela Vozes (Petrópolis), 1998 (2. ed.)].

21 – *A Ave-Maria* – O feminino e o Espírito Santo. 10. ed. Petrópolis: Vozes, 2014.

22 – *Libertar para a comunhão e participação*. Rio de Janeiro: CRB, 1980 [Esgotado].

23 – *Igreja*: carisma e poder. Petrópolis: Vozes, 1981 [Reedição ampliada pela Ática (Rio de Janeiro), 1994 e pela Record (Rio de Janeiro), 2005].

24 – *Crise, oportunidade de crescimento*. Petrópolis: Vozes, 2011 [Publicado em 1981 pela Vozes com o título *Vida segundo o Espírito* e em 2002 pela Verus com o título atual].

25 – *São Francisco de Assis*: ternura e vigor. 13. ed. Petrópolis: Vozes, 2012.

26 – *Via-sacra para quem quer viver*. Petrópolis: Vozes, 2012 [Publicado em 1982 pela Vozes com o título *Via-sacra da ressurreição* e em 2003 pela Verus com o título atual].

27 – *Mestre Eckhart*: a mística do ser e do não ter. Petrópolis: Vozes, 1983 [Reedição sob o título de *O livro da Divina Consolação*. Petrópolis: Vozes, 2006 (6. ed.)].

28 – *Ética e ecoespiritualidade*. Petrópolis: Vozes, 2011 [Publicado em 1984 pela Vozes com o título *Do lugar do pobre* e em 2003 pela Verus com o título atual e com o título *Novas formas da Igreja*: o futuro de um povo a caminho].

29 – *Teologia à escuta do povo*. Petrópolis: Vozes, 1984 [Esgotado].

30 – *A cruz nossa de cada dia*. Petrópolis: Vozes, 2012 [Publicado em 1984 pela Vozes com o título *Como pregar a cruz hoje numa sociedade de crucificados* e em 2004 pela Verus com o título atual].

31 – *Teologia da Libertação no debate atual*. Petrópolis: Vozes, 1985 [Esgotado].

32 – *Francisco de Assis* – homem do paraíso. 4. ed. Petrópolis: Vozes, 1999.

33 – *A Trindade e a Sociedade*. 6. ed. Petrópolis: Vozes, 2014.

34 – *E a Igreja se fez povo*. Petrópolis: Vozes, 1986 [Reedição pela Verus (Campinas), 2004, sob o título de *Ética e ecoespiritualidade* (2. ed.), e *Novas formas da Igreja*: o futuro de um povo a caminho (2. ed.)].

35 – *Como fazer Teologia da Libertação?* 10. ed. Petrópolis: Vozes, 2010.

36 – *Die befreiende Botschaft*. Friburgo: Herder, 1987.

37 – *A Santíssima Trindade é a melhor comunidade*. 12. ed. Petrópolis: Vozes, 2011.

38 – *Nova evangelização*: a perspectiva dos pobres. 4. ed. Petrópolis: Vozes, 1991 [Esgotado].

39 – *La misión del teólogo en la Iglesia*. Estella: Verbo Divino, 1991.

40 – *Seleção de textos espirituais*. Petrópolis: Vozes, 1991 [Esgotado].

41 – *Seleção de textos militantes*. Petrópolis: Vozes, 1991 [Esgotado].

42 – *Con la libertad del Evangelio*. Madri: Nueva Utopia, 1991.

43 – *América Latina*: da conquista à nova evangelização. São Paulo: Ática, 1992.

44 – *Ecologia, mundialização e espiritualidade*. 2. ed. São Paulo: Ática, 1993 [Reedição pela Record (Rio de Janeiro), 2008].

45 – *Mística e espiritualidade* (com Frei Betto). 4. ed. Rio de Janeiro: Rocco, 1994 [Reedição revista e ampliada pela Garamond (Rio de Janeiro), 2005 (6. ed.) e reedição pela Vozes (Petrópolis), 2010].

46 – *Nova era*: a emergência da consciência planetária. 2. ed. São Paulo: Ática, 1994 [Reedição pela Sextante (Rio de Janeiro), 2003, sob o título de *Civilização planetária*: desafios à sociedade e ao cristianismo].

47 – *Je m'explique*. Paris: Desclée de Brouwer, 1994.

48 – *Ecologia* – Grito da terra, grito dos pobres. 3. ed. São Paulo: Ática, 1995 [Reedição pela Sextante (Rio de Janeiro), 2004].

49 – *Princípio Terra* – A volta à Terra como pátria comum. São Paulo: Ática, 1995 [Esgotado].

50 – (org.) *Igreja*: entre norte e sul. São Paulo: Ática, 1995 [Esgotado].

51 – *A Teologia da Libertação*: balanços e perspectivas (com José Ramos Regidor e Clodovis Boff). São Paulo: Ática, 1996 [Esgotado].

52 – *Brasa sob cinzas*. 5. ed. Rio de Janeiro: Record, 1996.

53 – *A águia e a galinha*: uma metáfora da condição humana. 52. ed. Petrópolis: Vozes, 2014.

54 – *A águia e a galinha*: uma metáfora da condição humana. Edição comemorativa – 20 anos. Petrópolis: Vozes, 2017.

55 – *Espírito na saúde* (com Jean-Yves Leloup, Pierre Weil, Roberto Crema). 7. ed. Petrópolis: Vozes, 2007 [Coleção Unipaz].

56 – *Os terapeutas do deserto* – De Fílon de Alexandria e Francisco de Assis a Graf Dürckheim (com Jean-Yves Leloup). 16. ed. Petrópolis: Vozes, 2013 [Coleção Unipaz].

57 – *O despertar da águia*: o dia-bólico e o sim-bólico na construção da realidade. 24. ed. Petrópolis: Vozes, 2013.

58 – *O despertar da águia*: o dia-bólico e o sim-bólico na construção da realidade. Edição especial. Petrópolis: Vozes, 2017.

59 – *Das Prinzip Mitgefühl* – Texte für eine bessere Zukunft. Friburgo: Herder, 1998.

60 – *Saber cuidar* – Ética do humano, compaixão pela terra. 20. ed. Petrópolis: Vozes, 2014.

61 – *Ética da vida*. 3. ed. Brasília: Letraviva, 1999 [Reedição pela Sextante (Rio de Janeiro), 2005, e pela Record (Rio de Janeiro), 2009].

62 – *A oração de São Francisco*: uma mensagem de paz para o mundo atual. 9. ed. Rio de Janeiro: Sextante, 1999 [Reedição pela Vozes (Petrópolis), 2014 (4. ed.)].

63 – *Depois de 500 anos*: que Brasil queremos? 3. ed. Petrópolis: Vozes, 2003 [Esgotado].

64 – *Voz do arco-íris*. 2. ed. Brasília: Letraviva, 2000 [Reedição pela Sextante (Rio de Janeiro), 2004].

65 – *Tempo de transcendência* – O ser humano como um projeto infinito. 4. ed. Rio de Janeiro: Sextante, 2000 [Reedição pela Vozes (Petrópolis), 2009].

66 – *Ethos mundial* – Consenso mínimo entre os humanos. 2. ed. Brasília: Letraviva, 2000 [Reedição pela Sextante (Rio de Janeiro), 2003 (2. ed.)].

67 – *Espiritualidade* – Um caminho de transformação. 3. ed. Rio de Janeiro: Sextante, 2001.

68 – *Princípio de compaixão e cuidado* (em colaboração com Werner Müller). 4. ed. Petrópolis: Vozes, 2009.

69 – *Globalização*: desafios socioeconômicos, éticos e educativos. 3. ed. Petrópolis: Vozes, 2002 [Esgotado].

70 – *O casamento entre o céu e a terra* – Contos dos povos indígenas do Brasil. Rio de Janeiro: Salamandra, 2001.

71 – *Fundamentalismo*: a globalização e o futuro da humanidade. Rio de Janeiro: Sextante, 2002 [Esgotado].

72 – (com Rose Marie Muraro) *Feminino e masculino*: uma nova consciência para o encontro das diferenças. 5. ed. Rio de Janeiro: Sextante, 2002 [Reedição pela Record (Rio de Janeiro), 2010].

73 – *Do iceberg à arca de Noé*: o nascimento de uma ética planetária. 2. ed. Rio de Janeiro: Garamond, 2002 [Reedição pela Mar de Ideias (Rio de Janeiro), 2010].

74 – (com Marco Antônio Miranda) *Terra América*: imagens. Rio de Janeiro: Sextante, 2003 [Esgotado].

75 – *Ética e moral*: a busca dos fundamentos. 9. ed. Petrópolis: Vozes, 2014.

76 – *O Senhor é meu Pastor*: consolo divino para o desamparo humano. 3. ed. Rio de Janeiro: Sextante, 2004 [Reedição pela Vozes (Petrópolis), 2013 (3. ed.)].

77 – *Responder florindo*. Rio de Janeiro: Garamond, 2004 [Reedição pela Mar de Ideias (Rio de Janeiro), 2012].

78 – *São José*: a personificação do Pai. 2. ed. Campinas: Verus, 2005 [Reedição pela Vozes (Petrópolis), 2012].

79 – *Virtudes para um outro mundo possível* – Vol. I: Hospitalidade: direito e dever de todos. Petrópolis: Vozes, 2005.

80 – *Virtudes para um outro mundo possível* – Vol. II: Convivência, respeito e tolerância. Petrópolis: Vozes, 2006.

81 – *Virtudes para um outro mundo possível* – Vol. III: Comer e beber juntos e viver em paz. Petrópolis: Vozes, 2006.

82 – *A força da ternura* – Pensamentos para um mundo igualitário, solidário, pleno e amoroso. 3. ed. Rio de Janeiro: Sextante, 2006.

83 – *Ovo da esperança*: o sentido da Festa da Páscoa. Rio de Janeiro: Mar de Ideias, 2007.

84 – (com Lúcia Ribeiro) *Masculino, feminino*: experiências vividas. Rio de Janeiro: Record, 2007.

85 – *Sol da esperança* – Natal: histórias, poesias e símbolos. Rio de Janeiro: Mar de Ideias, 2007.

86 – *Homem*: satã ou anjo bom. Rio de Janeiro: Record, 2008.

87 – (com José Roberto Scolforo) *Mundo eucalipto*. Rio de Janeiro: Mar de Ideias, 2008.

88 – *Opção Terra*. Rio de Janeiro: Record, 2009.

89 – *Fundamentalismo, terrorismo, religião e paz*. Petrópolis: Vozes, 2009.

90 – *Meditação da luz*. 2. ed. Petrópolis: Vozes, 2010.

91 – *Cuidar da Terra, proteger a vida*. Rio de Janeiro: Record, 2010.

92 – *Cristianismo*: o mínimo do mínimo. Petrópolis: Vozes, 2013.

93 – *El planeta Tierra*: crisis, falsas soluciones, alternativas. Madri: Nueva Utopia, 2011.

94 – (com Marie Hathaway). *O Tao da Libertação* – Explorando a ecologia da transformação. 2. ed. Petrópolis: Vozes, 2012.

95 – *Sustentabilidade*: O que é – O que não é. 5. ed. Petrópolis: Vozes, 2016.

96 – *Jesus Cristo Libertador*: ensaio de cristologia crítica para o nosso tempo. Petrópolis: Vozes, 2012 [Selo Vozes de Bolso].

97 – *O cuidado necessário*: na vida, na saúde, na educação, na ecologia, na ética e na espiritualidade. Petrópolis: Vozes, 2012.

98 – *O Tao da Libertação*: explorando a ecologia da transformação (com Mark Hathaway e prefácio de Fritjof Capra). Petrópolis: Vozes, 2010.

99 – *A grande transformação*: na economia, na política, na ecologia e na educação. Petrópolis: Vozes, 2014.

100 – *Há esperança para a criação ameçada?* (com Jürgen Moltmann). Petrópolis: Vozes, 2014.

101 – *O Espírito Santo* – Fogo interior, doador de vida e Pai dos pobres. Petrópolis: Vozes, 2013.

102 – *Francisco de Assis – Francisco de Roma*: a irrupção da primavera? Rio de Janeiro: Mar de Ideias, 2013.

103 – *Ecologia: grito da Terra, grito dos pobres* – Dignidade e direitos da Mãe Terra. Petrópolis: Vozes, 2015.

104 – *A Terra na palma da mão* – Uma nova visão do planeta e da humanidade. Petrópolis: Vozes, 2015.

105 – *Ética e Espiritualidade* – Como cuidar da Casa Comum. Petrópolis: Vozes, 2017.

106 – *Direitos do coração* – Como reverdecer o deserto. São Paulo: Paulus, 2016.

107 – *De onde vem?* – Uma nova visão do universo, da Terra, da vida, do ser humano, do espírito e de Deus. Rio de Janeiro: Mar de ideias, 2017.

CULTURAL

Administração
Antropologia
Biografias
Comunicação
Dinâmicas e Jogos
Ecologia e Meio Ambiente
Educação e Pedagogia
Filosofia
História
Letras e Literatura
Obras de referência
Política
Psicologia
Saúde e Nutrição
Serviço Social e Trabalho
Sociologia

CATEQUÉTICO PASTORAL

Catequese
Geral
Crisma
Primeira Eucaristia

Pastoral
Geral
Sacramental
Familiar
Social
Ensino Religioso Escolar

TEOLÓGICO ESPIRITUAL

Biografias
Devocionários
Espiritualidade e Mística
Espiritualidade Mariana
Franciscanismo
Autoconhecimento
Liturgia
Obras de referência
Sagrada Escritura e Livros Apócrifos

Teologia
Bíblica
Histórica
Prática
Sistemática

REVISTAS

Concilium
Estudos Bíblicos
Grande Sinal
REB (Revista Eclesiástica Brasileira)
SEDOC (Serviço de Documentação)

VOZES NOBILIS

Uma linha editorial especial, com importantes autores, alto valor agregado e qualidade superior.

VOZES DE BOLSO

Obras clássicas de Ciências Humanas em formato de bolso.

PRODUTOS SAZONAIS

Folhinha do Sagrado Coração de Jesus
Calendário de mesa do Sagrado Coração de Jesus
Agenda do Sagrado Coração de Jesus
Almanaque Santo Antônio
Agendinha
Diário Vozes
Meditações para o dia a dia
Encontro diário com Deus
Guia Litúrgico

CADASTRE-SE
www.vozes.com.br

EDITORA VOZES LTDA.
Rua Frei Luís, 100 – Centro – Cep 25689-900 – Petrópolis, RJ
Tel.: (24) 2233-9000 – Fax: (24) 2231-4676 – E-mail: vendas@vozes.com.br

UNIDADES NO BRASIL: Belo Horizonte, MG – Brasília, DF – Campinas, SP – Cuiabá, MT
Curitiba, PR – Fortaleza, CE – Goiânia, GO – Juiz de Fora, MG
Manaus, AM – Petrópolis, RJ – Porto Alegre, RS – Recife, PE – Rio de Janeiro, RJ
Salvador, BA – São Paulo, SP